ANALECTA BIBLICA

INVESTIGATIONES SCIENTIFICAE IN RES BIBLICAS

—————— 56 ——————

Der Leib der Auferstehung

ROMAE
E PONTIFICIO INSTITUTO BIBLICO
1972

GÜNTER STEMBERGER

Der Leib der Auferstehung

**Studien zur Anthropologie und Eschatologie des
palästinischen Judentums im neutestamentlichen
Zeitalter (ca. 170 v. Cr. - 100 n. Chr.)**

ROME
BIBLICAL INSTITUTE PRESS
1972

TYPIS PONTIFICIAE UNIVERSITATIS GREGORIANAE — ROMAE

W. D. DAVIES
in Dankbarkeit zugeeignet

That corpse you planted last year in your garden,
Has it begun to sprout? Will it bloom this year?

T.S. ELIOT, The Waste Land

Inhaltsverzeichnis

Einführung

Die letzten Jahre haben eine Flut von Veröffentlichungen über die Auferstehung gebracht.[1] Diese Arbeiten beschäftigen sich fast durchwegs mit der Auferstehung Jesu als historischem und/oder hermeneutischem Problem. Die allgemeine Auferstehung am Ende der Zeiten hingegen ist ziemlich im Hintergrund des Interesses geblieben, wie fast alle eschatologischen Themen. O. CULLMANN hat zwar eine lebhafte Diskussion um die Frage Unterblichkeit oder Auferstehung angefacht,[2] doch blieb diese weithin zu allgemein, ohne gründlicheres Eingehen auf die Texte. Die Leiblichkeit der Auferstandenen zu studieren war für das Problem der Auferstehungserscheinungen Jesu notwendig; doch nur wenige Arbeiten beschäftigen sich direkt mit der Frage des Auferstehungsleibes:[3] ihnen muß man vorwerfen, daß sie sich zuwenig oder gar nicht um den jüdischen Hintergrund dieser Vorstellungen kümmern.

P. HOFFMANNS Arbeit über den Zwischenzustand im Denken des hl. Paulus[4] setzt sich ziemlich ausführlich auch mit der jüdischen Gedankenwelt auseinander und berührt dabei notwendig etliche Probleme, die auch uns beschäftigen werden. Die Schwierigkeit des Studiums zwischentestamentlicher Literatur ist bekannt: die Textausgaben entsprechen nicht mehr den heutigen Anforderungen; neuere Studien zu den meisten Schriften gibt es kaum oder gar nicht. Als R. H. CHARLES und P. VOLZ über die jüdische Eschatologie schrieben,[5] war die biblisch/jüdische Anthropologie

---

[1] Zur Literatur siehe die Forschungsberichte von C. MARTINI, Il problema storico della risurrezione negli studi recenti, Rom 1959, und X. LEON-DUFOUR, Bulletin d'exégèse du Nouveau Testament. Sur la résurrection de Jésus, RSR 57 (1969), 583-622, sowie die Literaturangaben in X. LEON-DUFOUR, Résurrection de Jésus et message pascal, Paris 1971.

[2] O. CULLMANN, Unsterblichkeit der Seele und Auferstehung der Toten. Das Zeugnis des NT, TZ 12 (1956), 126-156. Für die darauf folgende Diskussion siehe u.a. G. VAN DER LEEUW, Unsterblichkeit oder Auferstehung. Theologische Existenz heute, N.F. 52, München 1956; C. MASSON, Immortalité de l'âme ou résurrection des morts? RTP 8 (1958), 250-267; F. REFOULE, Immortalité de l'âme et résurrection de la chair, RHR 163 (1963), 11-52; Immortality and Resurrection, ed. K. STENDAHL, New York 1965 (Beiträge von O. CULLMANN, H.A. WOLFSON, W. JAEGER und H.J. CADBURY).

[3] Z.B. M.E. DAHL, The Resurrection of the Body. A Study of I Corinthians 15, London 1962; J.A. SCHEP, The Nature of the Resurrection Body. A Study of the Biblical Data, Grand Rapids 1964; La résurrection de la chair, Paris 1962 (Beiträge von H. CORNELIS, J. GUILLET, T. CAMELOT, M.-A. GENEVOIS); E. SCHWEIZER, Die Leiblichkeit des Menschen: Leben- Tod- Auferstehung, EvTh 29 (1969), 40-55.

[4] P. HOFFMANN, Die Toten in Christus, Münster 1966.

[5] R.H. CHARLES, Eschatology, London ²1913 (Nachdruck New York 1963); P. VOLZ, Die Eschatologie der jüdischen Gemeinde im neutestamentlichen Zeitalter, Tübingen ²1934.

noch zu ungenau von griechisch/hellenistischen Vorstellungen und unserem modernen Denken abgesetzt und so der Ausgangspunkt für die Untersuchung der Eschatologie unsicher. Gerade von der Anthropologie her ist also die Frage neu aufzugreifen.[6]

In der frühen jüdischen Literatur gibt es wenig direkte Aussagen darüber, wie man sich den Leib der Auferstandenen vorstellte. Doch ist die Auferstehung selbst nur Durchgang zwischen zwei Zuständen oder Orten, dem des Todes und dem des Auferstehungslebens. Die Antwort auf das Woher und Wohin des Auferstandenen, d. h. auf die Fragen, wie man sich den Aufenthalt der Verstorbenen dachte und damit den Verstorbenen selbst, und wohin man das Auferstehungsleben verlegte (die Natur der Auferstehungsleiblichkeit entspricht notwendig dem Ort, wo der Auferstandene leben soll), hilft zugleich zu einer Antwort auf die Frage nach dem Leib der Auferstehung.

Doch wir müssen den Ausgangspunkt noch weiter zurückverlegen. Die Vorstellungen über den Toten hängen von der Anthropologie ab, vom Verständnis des Leibes im allgemeinen. Auch darüber müssen wir uns klarwerden, auch wenn nicht das Leibverständnis an sich Gegenstand unserer Untersuchung ist, sondern das Leibverständnis in seiner Beziehung zur Eschatologie. In welchem Verhältnis steht die jüdische Leibauffassung zur Vorstellung des Todes, der Auferstehung, des Jenseits?

Hier stehen wir auch vor dem Problem der theologischen Sprache. Ist der Leib der Auferstehung aufgefaßt als ein realer, fleischlicher Leib wie der, den wir jetzt haben? Oder denkt die jüdische Literatur an etwas anderes, bzw. läßt sie zumindest die Möglichkeit zu einem anderen Verständnis offen, gibt sie einen Ansatz zu einer eventuellen Entwicklung dieser Auffassungen? Von Bedeutung wird diese Frage, sobald nicht mehr diese Erde Ort des Auferstehungslebens sein soll. Ist das Sprechen von einer Auferstehung des Leibes dann noch Aussageinhalt oder wird es zur Aussageform für andere Vorstellungen? Denkt man auch dann noch an einen wirklich materiellen Leib, oder ist dann diese Sprechweise nur noch Vergleich, Symbol, oder auch nur Zeichen der Unfähigkeit, „leiblos" zu denken? Wo die Auferstehung des Leibes nicht mehr deutlich Aussageinhalt ist, erhebt sich die Frage: was „bedeutet" der Leib?

Von mehreren Seiten her müssen wir die Arbeit begrenzen. Wir beschränken uns auf die Vorstellungen des palästinischen Judentums zwischen circa 170 vor und 100 nach Christus, da diese das Neue Testament besonders erhellen können. Die Definition „palästinisches Judentum" ist natürlich unklar, keine eindeutige Abgrenzung. Viele der traditionell anerkannten Unterschiede zwischen Judentum und Hellenismus sind jetzt umstritten, und man erkennt immer mehr, daß auch das Judentum in

---

[6] Die Dissertation von G.W.E. NICKELSBURG, Resurrection, Immortality and Eternal Life in Intertestamental Judaism, Harvard 1967/68 (Mikrofilm), bringt nichts zu unserem speziellen Thema.

Palästina vom Hellenismus nicht unbeeinflußt geblieben ist. [7] Es gibt keine hermetische Abgrenzung zwischen Judentum und Hellenismus, keine genaue und klare Scheidung zwischen hellenistischem und palästinischem Judentum. Trotzdem weisen die hier eingeordneten Schriften bestimmte Charakteristika auf, besonders eben das Ursprungsland, die hebräische oder aramäische Ursprache sowie die enge Verwurzelung mit der biblischen Denkweise. Natürlich verwischen sich diese Merkmale, da diese ganze Literatur nur in Übersetzungen vorhanden ist und in christlichen Kreisen überliefert wurde. Besonders problematisch ist die Stellung von 2 Makkabäer, das wir hierherein nehmen, obwohl die Schrift griechisch abgefaßt wurde und zum Teil stark hellenistisch beeinflußt ist. Wir werden die Berechtigung dieser Wahl dann an seiner Stelle zu begründen haben.

Auf die Qumranschriften können wir hier nicht eingehen, und auch nicht direkt auf die tannaitischen Vorstellungen. Für Qumran läßt sich zwar der Auferstehungsgedanke selbst wohl nachweisen,[8] auch die Leiblichkeit der Auferstehung erschließen;[9] doch gibt es keinen deutlichen Text, von dem wir mit einiger Sicherheit etwas über die Natur des Auferstehungsleibes erfahren könnten. Hier geht es uns ja nicht um die Auferstehung des Leibes an sich, sondern um die enger begrenzte Frage, wie man sich den Auferstehungsleib denkt.

---

[7] Zum Hellenismus in Palästina cf.: S. LIEBERMAN, Greek in Jewish Palestine, New York 1942; idem, Hellenism in Jewish Palestine, New York 1950; M. HENGEL, Judentum und Hellenismus, Tübingen 1969. Zur Unmöglichkeit, zwischen hellenistischem und palästinischem Judentum genau zu unterscheiden, siehe M. HENGEL 191-195 mit der bezeichnenden Überschrift: „Das Judentum Palästinas als ‚hellenistisches Judentum‘ ". „Das gesamte Judentum ab etwa der Mitte des 3.Jh.s v.Chr. müßte im strengen Sinne als ‚hellenistisches Judentum‘ bezeichnet werden, und man sollte besser zwischen dem griechischsprechenden Judentum der westlichen Diaspora und dem aramäisch/hebräisch sprechenden Judentum Palästinas bzw. Babyloniens unterscheiden" (p. 193).
[8] Zur Frage der Auferstehungserwartung in Qumran cf. z.B. F. NÖTSCHER, Zur theologischen Terminologie der Qumrantexte, Bonn 1956, 151, der auf 1QH 6,29f.34; 7,31 und 11,11-13 verweist. K. SCHUBERT, Das Problem der Auferstehungshoffnung in den Qumrantexten und in der frührabbinischen Literatur; idem, Die Entwicklung der Auferstehungslehre; H.-W. KUHN, Enderwartung und gegenwärtiges Heil, Göttingen 1966, sieht in 1QH 3,19-26 sowie 1QH 11,3-14 die Auffassung, daß schon der Eintritt in die Gemeinde Auferstehung von den Toten und Neuschöpfung sei (p. 44ff). „Das schloß nun keineswegs aus, daß man Auferstehung und Neuschöpfung auch noch als endgeschichtliche Akte von der Zukunft erwartete" (p. 84). J. BUITKAMP, Die Auferstehungsvorstellungen in den Qumrantexten und ihr alttestamentlicher, apokryphischer, pseudepigraphischer und rabbinischer Hintergrund, Groningen 1965 (Dissertation, masch.), versteht alle in 1QH manchmal auf die Auferstehung gedeuteten Stellen nur von einer Rettung aus lebensgefährlicher Lage; er sieht die Hoffnung auf eine Wiederbelebung der Gerechten in 1QS 4,7.8.12-14: „Man glaubte an ein Fortdauern der Leiblichkeit oder an eine neue Leiblichkeit, obwohl man mit dem Vergehen der Leiber gerechnet hatte" (p. 109). Das Auferstehungsleben werde auf Erden stattfinden „und deshalb müssen die gerechten Verstorbenen... aus dem Tode auferstehen und mit einer neuen Leiblichkeit bekleidet werden" (p. 110). Für eine Darstellung des Status quaestionis siehe auch C. LARCHER, Études sur le livre de la Sagesse, Paris 1969, 116ff.
[9] Dafür spricht vor allem die Sorge um die Bestattung in Qumran, sodaß auch auswärtige Gemeindemitglieder dort begraben wurden, sowie die Nord-Süd-Richtung der Gräber, die wohl mit der Auffassung zusammenhängt, daß das Paradies im Norden ist. Dazu näher später.

Für die rabbinische Literatur wie für die Targumim ist die Datierung der einzelnen Aussagen und Vorstellungen ein fast unlösbares Problem. Viele Aussprüche späterer Lehrer gehen auf frühe Vorstellungen zurück, auch solche aus neutestamentlicher Zeit und früher. Dasselbe gilt für Gedanken in jüdischen Gebeten. Eine Datierung ist nur durch Vergleich mit anderen, sicher datierbaren Schriften möglich. Darum bringen wir Verweise auf rabbinische Texte nur im Zusammenhang mit anderen Schriften, um nicht späte Auffassungen in unser Bild einzutragen.

Wir behandeln die einzelnen Schriften in getrennten Kapiteln (2Makk, 1Hen, TestXIIPatr, PsSal, 4Esra, 2Bar und Pseudo-Philos LAB). Diese Darstellungsweise hat den Nachteil mancher notwendiger Wiederholungen und der Trennung von Zusammengehörigem; sie ist jedoch berechtigt, weil man jede dieser Schriften zuerst für sich sprechen lassen muß und nicht von vornherein einen gemeinsamen Vorstellungskreis voraussetzen darf. Gerade dort, wo traditionelle Formeln verschiedenen Schriften gemeinsam sind, darf man sie nicht gleich harmonisieren, sondern muß die traditionelle Form nach dem der Schrift eigenen Hintergrund verstehen, besonders nach ihrer Anthropologie. Das Sprechen von der Auferstehung nahm bald geprägte Form an: das erschwert das Verständnis der Entwicklung dieser Vorstellungen, ist aber doch zugleich die beste Illustration dieser Entwicklung, wie sich zeigen wird.

Dieser Arbeit soll eine Studie über die Vorstellungen vom Auferstehungsleib in den beiden Korintherbriefen folgen, die dann die Fruchtbarkeit der vorliegenden Untersuchung zu erweisen hat.

I. Kapitel:

Das zweite Makkabäerbuch

1) Einleitung:

Im hebräischen AT ist der Gedanke der leiblichen Auferstehung nur in zwei späten Stellen klar ausgedrückt, in Dan 12,2f[1] und in Is 26,19.[2] Doch ist dort der Gedanke mehr als selbstverständlich vorausgesetzt, nicht für sich entwickelt. In 2Makk hingegen nimmt der Gedanke einen bedeutenden Platz ein und ist schon sehr fortgeschritten. Aus welcher Zeit stammt dieses Buch und in welche Gedankenwelt kann man es einordnen?

Was das *Datum* betrifft, ist zwischen Jason von Cyrene und dem eigentlichen Autor des Buches, gewöhnlich Epitomator genannt (da er selbst angibt, eine *epitomē* verfassen zu wollen 2,26), zu unterscheiden. Jason ist nur aus 2Makk bekannt. Während die einen in ihm einen Zeitgenossen, ja Augenzeugen der berichteten Ereignisse sehen und sein Werk um 160 v. Chr. ansetzen, rücken ihn andere bis in die Mitte des ersten vorchristlichen Jahrhunderts oder noch weiter herab, unter Verweis auf den legendären Charakter großer Teile seines Buches. Den Autor selbst setzt man zwischen 124 v. Chr. und 70 n. Chr. an.[3] Seine Einstellung zu

---

[1] Dan 12 ist um ca.165 v.Chr. zu datieren. Zur Auslegung der Stelle siehe besonders die Kommentare von A. Bentzen, Tübingen ²1952, und N.W. Porteous, Göttingen 1962, sowie B. Alfrink, L'idée de résurrection d'après Dan., XII, 1.2, Bi 40 (1959), 355-371.

[2] Der Text ist kaum viel älter als der Text von Dan 12. Zur Auslegung siehe z.B. E.S. Mulders, Die Teologie van die Jesaja- Apokalipse, Groningen 1954, sowie R. Martin-Achard, De la mort 106 - 112. Weder Dan 12 noch Is 26 kennen, wie K. Schubert richtig betont, „die Zusammenfügung von Körper und Seele in Zusammenhang mit der Auferstehung…, sondern im Sinne der alttestamentlich-semitischen Anthropologie nur die Auferstehung zum Leben, das ohne Körperlichkeit undenkbar schien" (Die Entwicklung der Auferstehungslehre 190). Auch dann muß man, wie Schubert an anderer Stelle schreibt, von Auferstehungshoffnung sprechen, „wenn man zwar nicht mit einer Wiedererweckung des gestorbenen Fleischesleibes, aber mit einer Auferstehung einer körperlich bestimmten Seele rechnete, denn das Entscheidende bei der Auferstehung ist nicht der Leib, sondern die Leiblichkeit" (Das Problem der Auferstehungshoffnung 155). Der Ort des Auferstehungslebens ist wohl die Erde, von Gott erneuert (Is 65; 60,19), und nicht der Himmel, wie F. Nötscher, Altorientalischer und alttestamentlicher Auferstehungsglauben 162.164 annimmt.

[3] Für eine frühe Datierung von Jason cf. F.-M. Abel, Les livres des Maccabées XLII (ebenso F.-M. Abel - J. Starcky in der Bible de Jérusalem, getrenntes Faszikel 34): vor 160 v.Chr.; der Epitomator habe das Werk um 124 v.Chr. fertig gehabt; ähnlich E. Cavaignac, Remarques sur le deuxième livre des „Macchabées" 49-51 und P.M. Bellet, El gènere literari, sowie E. Schürer III 484 (doch setzt dieser 485 den Epitomator

den Hasmonäern und zum Staate Israel ist entscheidend für die Fest-
stellung des terminus a quo und des terminus ante quem. Die Mitte des
ersten Jahrhunderts v. Chr. hat wohl die größte Wahrscheinlichkeit für
sich: es besteht schon ein gewisser Abstand von den Ereignissen und
den Quellen, sodaß deren Theologisierung möglich ist und die Geschichte
zu heiliger Geschichte wird; andererseits ist diese Geschichte noch nahe
genug, um für die Gegenwart des Autors von Bedeutung zu sein. Sicherheit
ist nicht zu erreichen und für unsere Zwecke nicht notwendig.

Welcher Gedankenwelt soll man 2Makk zuordnen? Das Buch ist
griechisch geschrieben und außer in den Dokumenten am Anfang (1,1 - 2,18)
ist kein semitischer Spracheinfluß zu erkennen. Der Stil von 2Makk ist
der eines zweitrangigen hellenistischen Geschichtsschreibers, der Stil der
„pathetischen Geschichte".[4] Gewöhnlich denkt man an Alexandrien als
Entstehungsort des Buches, oder auch an Antiochien. E. CAVAIGNAC schließt
daraus, 2Makk sei „écrit par un Juif hellénisé, pour des Juifs hellénisés,
dans un but précis qui ne pouvait intéresser que les Juifs d'Egypte".[5]

Meistens jedoch sieht man in 2Makk einen Vertreter des palästinischen
Judentums.[6] Dafür spricht die theologische Haltung des Buches, besonders
seine Auferstehungslehre. Auch ist es gar nicht sicher, daß das Buch
in der Diaspora geschrieben wurde. M. HENGEL nimmt, an, daß Jason
in den Jahren nach 175 wenigstens teilweise in Palästina war,[7] und spricht
von einem palästinischen Epitomator.[8] Bezeichnend ist das Urteil von
G. F. MOORE: „It is very instructive that 2Maccabees, and the work of
Jason of Cyrene which it epitomizes, though coming from Grecian Jewry,
has a closer resemblance to popular Palestinian Judaism than appears in
First Maccabees, which was written in Palestine and in Hebrew".[9] Und

---

weiter herab, jedenfalls aber sei er älter als Philo) und M. HENGEL, Judentum und
Hellenismus 180f. Nach J. MOFFATT in R.H. CHARLES, Apocrypha 129, schrieb Jason nach 130,
der Epitomator nicht später als in der ersten Hälfte des 1.Jh. vor Chr. Nach H. BEVENOT,
Die beiden Makkabäerbücher 10f: Jason spätestens 120-100 v.Chr., der Autor zwischen
diesem Datum und 70 n.Chr. Wir folgen in etwa K.-D. SCHUNK, Die Quellen des I. und
II. Makkabäerbuches: Jason vor 106, der Epitomator ca. 60 v.Chr., die Beifügung der
einleitenden Urkunden um ca. Christi Geburt (p. 125f). Später datieren das Buch z.B. I.
LEVY, Les deux livres des Maccabées 33 (nicht vor Tiberius); E. LOHSE, Märtyrer und
Gottesknecht 66 Anm.2 (um Christi Geburt); S. ZEITLIN, The second book of Maccabees
27.91 (ca. 42 n.Chr.); C.L.W. GRIMM, Das zweite, dritte und vierte Buch der Maccabäer 19f
(nicht nach 70 nach Chr.). Wir benützen die Textausgabe von R. HANHART in der Göttinger LXX.
  [4] Zum Genus litterarium von 2Makk cf. P.M. BELLET, El gènere literari, sowie
M. ADINOLFI, Eloquenza e patetismo nel secondo libro dei Maccabei, RiBi 10 (1962), 18-31.
  [5] E. CAVAIGNAC, Remarques 52.
  [6] So G.F. MOORE, Judaism I 208; R.H. PFEIFFER, History of NT Times, New York
1949, 515; M. HENGEL, Judentum und Hellenismus 178ff.
  [7] M. HENGEL, Judentum und Hellenismus 180-182; so auch A. KAHANA, Hasfarim II 85,
nach dem Jason selbst Israel besuchte und gut Hebräisch konnte.
  [8] M. HENGEL, Judentum und Hellenismus 179. Schon C. GUTBERLET, Das zweite Buch
der Machabäer, Münster 1927, 7, erwägt die Möglichkeit, daß der Autor von 2Makk
in Palästina und zwar in Judäa schrieb. Siehe auch D. ARENHOEVEL, Theokratie 115f.
  [9] G.F. MOORE, Judaism I 208; cf. I 548 und II 299, sowie z.B. A. LEFEVRE, SDB V (1957),
Art. Maccabées, 597-612, p. 609.611.

M. HENGEL: „Entscheidend ist, daß die theologischen Anschauungen Jasons trotz des äußerlich hellenistischen Gewands seines Werkes viel eher von der Frömmigkeit der palästinischen ‚Chasidim' als vom jüdischen Hellenismus Alexandriens geprägt sind".[10]

Doch auf der anderen Seite behauptet gerade ein jüdischer Autor, S. ZEITLIN, in Ablehnung der üblichen Zuordnung von 2Makk zur pharisäischen Gedankenwelt:[11] „the Pharisees in Judaea were definitely opposed to the resurrection of the flesh". „The idea of bodily resurrection was unknown to the Jews in Judaea. The Pharisees believed in the immortality of the soul, but not in bodily resurrection. Mention is not made of resurrection of the body, either in Apocalyptic or Apocryphal literature; but the doctrine of the immortality of the soul is advanced by the sages before the destruction of the second Temple, but they never referred to bodily resurrection. The Epitomist was the first to formulate and emphasize this concept; later it penetrated into Judaism".[12]

In den folgenden Kapiteln werden wir noch zur Genüge sehen, wie unhaltbar diese Auffassung ist, die übrigens auch mit der ATlichen Anthropologie in Widerspruch steht.[13] Zumindest in dieser krassen Form ist die von S. ZEITLIN vorgetragene Meinung abzulehnen. Doch hat auch ein anderer jüdischer Kenner der Makk-Bücher auf den hellenistischen Ursprung der Auferstehungsidee hingewiesen, E. BICKERMANN: „Wenn heute das Abendland und der Islam an die Auferstehung glauben, so ist das eine vom makkabäischen Judentum aufgenommene, später vom Christentum und vom Islam weitergegebene Vorstellung des hellenistischen Geistes".[14]

Die Frage nach dem hellenistischen Einfluß in der Auferstehungslehre kann hier noch nicht behandelt werden. Dieser Einfluß macht sich besonders in einer differenzierteren Anthropologie geltend. Jedenfalls

---

[10] M. HENGEL, Judentum und Hellenismus 178. Cf. auch 183.

[11] So z.B. F.-M. ABEL, Les livres des Maccabées XLIV; dagegen z.B. C. GUTBERLET, Das zweite Buch der Machabäer 7.

[12] S. ZEITLIN, The Second Book of Maccabees 56.84. Ebenso idem, The Pharisees. A Historical Study, JQR 52 (1961f), 97-129, wo man auch sieht, warum er so urteilt: ZEITLIN stützt sich hier nämlich ganz auf die Darstellung von Josephus, Ant. 18,1.3, und spricht so von der Unsterblichkeit der Seele, dem Körper als Gefängnis, sowie von der „Auferstehung der Seele, bzw. des Geistes" (p. 115.123). Cf. dagegen L. FINKELSTEIN, The Pharisees 145-159, der zu Recht betont, daß die Pharisäer anfänglich an eine physische Auferstehung glaubten und erst spät den Gedanken der Unsterblichkeit der Seele annahmen, der aber den der Auferstehung nicht mehr verdrängen konnte.

[13] Das hebräische Denken kennt die griechische Antithese von Leib und Seele nicht (J.A.T. ROBINSON, The Body 14). J. PEDERSEN, Israel 171, schreibt zu Recht, daß — obwohl der Israelit sehr wohl zwischen Leib und Seele unterscheiden kann — „no distinction is made between them as two fundamental forms of existence... The soul is more than the body, but the body is a perfectly valid manifestation of the soul". „Soul and body are so intimately united that a distinction cannot be made between them. They are more than ‚united': the body is the soul in its outward form". Eine außerleibliche Existenz ist diesem Denken unvorstellbar.

[14] E. BICKERMANN, Die Makkabäer, Berlin 1935, 74; cf. 62f.

dürften die auseinandertretenden Meinungen das eine wieder deutlich machen, was wir schon früher betont haben: nicht nur die Trennung Judentum-Hellenismus ist nicht so radikal durchzuführen, wie man oft glaubt; auch die Trennung von hellenistischem und palästinischem Judentum ist sehr problematisch und weithin ziemlich unmöglich, wenn man nicht Sprache und Entstehungsort einer Schrift allein als Kriterien nimmt. Schon vor der Zeit der Makkabäer ist hellenistisches Gedankengut in das Judentum eingedrungen, hat es beeinflußt, sei es in Übernahme oder Ablehnung. 2Makk ist jedenfalls trotz vieler hellenistischer Züge im Ganzen dem palästinischen Denken näher und das berechtigt die Aufnahme dieses Kapitels.

Hier noch ein Wort zu 1Makk. Das Buch ist für unser Ziel gänzlich unergiebig. Es spricht nie von der Auferstehung, weshalb man es vielfach sadduzäischem Denken zuordnet. Was die Anthropologie angeht, kann man 1Makk kaum etwas entnehmen. Der Gebrauch von *psychē* ist im Rahmen des AT-Denkens (für Reflexivpronomen 1,48; 13,5; Leben 2,40.50; 3,21; 9,44; 13,51; Person 10,33; Leute 2,38), ebenso wohl die einzige Verwendung von *sōma* in 11,4 (Leiche); sonst könnte man noch auf die Formel 2,69 verweisen: er starb und wurde zu seinen Vätern versammelt, oder auf die Vorstellung des Todes als des praktischen Endes in 2,63, sowie die Entrückung des Elias in 2,58. Doch das alles führt unsere Untersuchung nicht weiter. Was das Jenseits und die Scheol betrifft, erfahren wir praktisch nicht aus diesem Buch. Es interessiert sich nicht für das Jenseits, sondern für die irdische Geschichte des auserwählten Volkes.

2) Zur Anthropologie von 2Makk:

E. BICKERMANN betont zu Recht, daß die Makkabäer trotz ihres Kampfes gegen den Hellenismus ihn doch irgendwie übernommen haben.[15] Das geht besonders aus der Wandlung der Jenseitsvorstellungen gegenüber dem hebräischen AT hervor, aus dem Reden von Gott und von den Engeln, dem Himmel und der Scheol; das zeigt sich aber auch in gewissem Maße in der Anthropologie, im Sprachgebrauch von *sōma* und *psychē*.

Mehrmals verwendet 2Makk *sōma* und *psychē* zusammen. Nach 3,16f erscheint *hē kata psychēn agōnia* im äußeren Aussehen des Hohenpriesters, das Zittern des *sōma* zeigt den Schmerz der *kardia*. Trotz der Gegenüberstellung von *sōma* und *psychē* ist die Einheit beider betont; von einer eigentlichen Dichotomie kann man hier noch nicht sprechen.

7,37 sagt der Letzte der Brüder: *kai sōma kai psychēn prodidomi*; nach 14,38 hat Razis für das Judentum *kai sōma kai psychēn* eingesetzt, wie auch Judas 15,30 *sōmati kai psychē* Vorkämpfer seiner Mitbürger war. Hier meint immer Leib und Seele zusammen den ganzen Menschen.

---

[15] Siehe E. BICKERMANN, Die Makkabäer 49-62, zum makkabäischen Hellenismus.

Doch zumindest die griechische Terminologie ist übernommen; man ist sich des Unterschiedes von Leib und Seele klar bewußt, was jedoch noch nicht einen Gegensatz beider bedeutet.

6,30 nun heißt es von Eleazar, er erdulde schwere Qualen *kata to sōma*, aber *kata psychēn* leide er freudig. Leib und Seele sind hier also Träger entgegengesetzter Handlungen; die Einheit ist gebrochen, die Seele ist vom Leib in gewissem Sinn unabhängig. Das zeigt die Wandlung der Leibauffassung, auch wenn sich zeigen wird, daß die „Seele" nicht als jener geistige Träger der Persönlichkeit gedacht wird, der nach dem Tode weiterlebt, losgelöst vom Leibe. Dazu waren wohl die Einflüsse des AT-Denkens noch zu stark. Die letzten Konsequenzen aus der Verselbständigung von Leib und Seele sind noch nicht gezogen.

Das wird deutlich in der Rede der Mutter in 7,22f, wo sie in fast philosophischer Weise (Chrysostomus: sie spricht nicht wie eine Mutter, sondern wie ein Philosoph!) vom Lebensanfang ihrer Kinder spricht: „Ich weiß nicht, wie ihr in meinem Schoß erschienen seid; auch habe nicht ich euch *to pneuma kai tēn zōēn* geschenkt, nicht ich die Ordnung eines jeden gefügt, sondern der Schöpfer der Welt, der das Werden des Menschen gestaltet und das Werden von allem erfindet..." Trotz hellenistischer Formulierungen (vor allem: *tēn hekastou stoicheiōsin ouk egō dierrythmisa*) ist die Anthropologie hier biblisch: nicht von der Beseelung des Leibes ist die Rede, sondern davon, daß Gott *pneuma* (*ruach*) und damit das Leben gibt.

Soweit finden wir also in 2Makk eine vorherrschend biblische Auffassung von Leib und Seele; sie sind noch als Einheit und Aspekte des einen ganzen Menschen gesehen. Doch droht der hellenistische Einfluß ihre Einheit schon auseinanderzubrechen. Darauf weist auch das Fehlen typischer AT-Wendungen: *sōma* bzw. *psychē* (*nefesch*) können nicht mehr stellvertretend für das Personal- oder Reflexivpronomen stehen, nicht beide selbständig den ganzen Menschen bezeichnen.[16] Körperteile haben nicht mehr seelische Funktionen und umgekehrt.[17] Schon das Griechisch als Muttersprache des Autors drängt in diese Richtung.

Zu erwähnen ist auch noch die Verwendung von *sōma* für Sklaven (8,11 zweimal) und die Toten (12,39; 12,26 tötet Judas 2500 Leute = *sōmata*): nicht der ganze Mensch in seiner Leiblichkeit ist gemeint wie im AT, sondern der Mensch, dessen Leib allein zählt. Dieses Verständnis des Leibes

---

[16] Z.B. Ps 16,7-10; Ps 33,19; cf. A.R. JOHNSON, The Vitality 22, der an solchen Stellen die Ausdrücke „mein Fleisch" und „meine Seele" als pathetische Periphrase des Personalpronomens bezeichnet.

[17] Z.B. Ps 63,2: „Meine Seele hat Durst nach dir, nach dir sehnt sich mein Fleisch"; Ps 16,7.9 „in den Nächten belehren mich meine Nieren... so frohlockt mein Herz, meine Eingeweide jubeln". Wie G. PIDOUX sagt, „pour l'Israélite, l'homme est un organisme où les éléments psychiques et physiques sont inséparables et se confondent" (L'homme dans l'AT 35). Cf. H.W. ROBINSON, Hebrew Psychology 362-366; W. EICHRODT, Theologie des AT II 93-96; W.D. STACEY, The Pauline View of Man 85: „The Hebrew regarded the soul as almost physical and the physical parts as having psychical functions".

für sich, unterschieden vom ganzen Menschen, sehen wir auch in der
Beschreibung der Krankheit des Antiochus Epiphanes, die der des Herodes
in Josephus, Ant. Jud. 17 auffallend ähnlich ist. Er fällt vom Wagen und
verletzt sich schwer an allen Gliedern des Leibes (9,7 *panta ta melē tou
sōmatos*; cf. 7,7 *timōrēthēnai to sōma kata melos*). Diese Scheidung Leib-
Glieder ist in der hebräischen Denkweise und Sprache noch unmöglich.
Als Folge der Krankheit wimmelt es dann nach der Lesart mehrerer MSS
in seinem *sōma* (nach anderen MSS: Augen) [18] von Würmern; während er
noch lebt, fällt sein Fleisch von ihm (9,9); und nach seinem Tode bringt
man seine Leiche heim, *to sōma*. Der hellenistische Einfluß in der aus-
führlichen Schilderung der Krankheit und erst recht im Verständnis von
sōma ist deutlich.

Die hebräische Anthropologie wird im AT besonders in der *Begriff-
lichkeit des Sterbens* deutlich. „Zu seinen Vätern versammelt werden"
(z. B. Gen 25,8), seine *nefesch* ausgießen (Job 30,16) bzw. das Herausgehen der *nefesch* (Gen 35,18) sind im hebräischen AT typische Ausdrücke für das Sterben. Ganz anders in 2Makk. Das Buch verwendet
nie diese Ausdrücke. Relativ selten finden wir dort *teleutan* und *apothnēskein*, gewöhnlich aber eine Verbindung mit *metallassein*. *Metallassein ton
bion* (4,7; 5,5; 6,27 meist *diallaxas*, aber manche MSS lesen auch *katallaxas*;
eine Variante zu 7,40) findet man auch in Isokrates und einem ägyptischen
Papyrus des 2. Jh. vor Chr.; mit der Formel *metallassein touton ton tropon*
(6,31; 7,7; 14,46) vergleiche man Aeschines 3,78: *ou gar ton tropon, alla ton
topon metēllaxen*. Manchmal steht auch *metallassein* allein (7,13.14.40),
bzw. *metallachōs* für den Toten (4,37): als Parallelen in der Profanliteratur
vergleiche man z.B. Plato, Axiochus 367c, 369b.[19] In der LXX kommt
metallassein sonst nur dreimal vor. Der Hinweis, daß der Autor diese
Wendungen in den Märtyrerlegenden verwende, um auf die Auferstehungshoffnung hinzuweisen (*metallassein* = eintauschen), ist haltlos. Der Ausdruck ist ja z.B. 5,5 auch von Antiochus ausgesagt, der nach 7,14 keine
Hoffnung auf die Auferstehung zum Leben hat. Der Ausdruck gehört zum
wortreichen Stil des Autors und dürfte nicht mehr sein als eine bloße
Formel.

Das gilt auch für andere Redensarten vom Sterben oder Töten: 4,38
heißt es, Antiochus *apekosmēsen* (einige MSS lesen *apekteine*) den Andro-
nikos; 5,9 Jason *apōleto* (cf. 7,20); *propempein eis ton hadēin* 6,23 von
Eleazar; 9,28 Antiochus *katestrepse ton bion*; Lysias *exelipen ton bion*

---

[18] D. de BRUYNE, Notes de philologie biblique: III *ek tōn ommatōn* (II Mach. 9,9),
RB 30 (1921), 407f, tritt für *ommatōn* als die richtige Lesart ein: „L'auteur des Machabées
regarde le corps humain comme un enclos bien fermé, d'où on ne peut sortir, excepté
par les portes, et c'est par deux de ces portes, les yeux, qu'il fait sortir les vers".
[19] Weitere Beispiele bei LIDDELL-SCOTT. Cf. auch A. SCHLATTER, Die Theologie des
Judentums nach dem Bericht des Josephus, Gütersloh 1932, zu ähnlichen Ausdrücken
bei Josephus.

(10,13); der Vater des Antiochus *eis theous metastantos* 11,23; 13,8 Mene-
laus *ton thanaton ekomisato.*

Diese Aufzählung dürfte deutlich gemacht haben, wieweit der Autor
vom biblischen Todesverständnis entfernt ist; eigentlich scheint in diesen
Ausdrücken überhaupt kein Todesverständnis durch; sie sind kaum mehr
als hellenistische Rhetorik. Wenn der Autor das Begräbnis für wichtig
ansieht (4,49; 5,10; 13,7) und den Tod im fremden Land als Unglück
betrachtet (5,9; 9,28), wird man das auch nicht spezifisch biblisch deuten
dürfen: diese Gedanken sind ja auch sonst im hellenistischen Raum verbreitet.

Zusammenfassend läßt sich zur Anthropologie von 2Makk feststellen,
daß sie zwar einen starken hellenistischen Einfluß erfahren hat (viel davon
durch den überladenen Stil des Autors, den man nicht überbewerten darf),
daß sich Leib und Seele weitgehend verselbständigt haben; trotzdem aber
hat der Autor den biblischen Monismus letztlich nicht verlassen, insofern
er der Seele keine vom Leib getrennte Eigenexistenz zuerkennt. Der Leib
erfährt noch keine Abwertung: im Gegenteil, wir werden sehen, wie hoch
der Autor den Leib bewertet: ohne ihn gibt es keine Auferstehung.

3) Die Toten:

Fast nichts erfahren wir aus 2Makk über die Toten. Nur eine Stelle,
nämlich 6,23, erwähnt die Unterwelt. Dort verlangt Eleazar, man möge
ihn in den Hades schicken. Sonst ist das Geschick zwischen Tod und Auferstehung nicht dargestellt. Doch können wir aus der Perikope vom *Traum
des Judas* 15,11-16 noch Einzelheiten entnehmen.

Während man sonst in 2Makk kaum eine konkrete Vorstellung des
Außerweltlichen feststellen kann (die himmlischen Reiter in 5,2; 10,29f;
11,8.10 sind nichts anderes als dichterische Darstellung der Mithilfe Gottes,
bezeugen keine konkrete Auffassung der Engel), scheint eine solche im
Traum des Judas vorzuliegen. Zuerst sieht Judas den Hohenpriester Onias
mit ausgebreiteten Armen; dann erscheint ein Mann mit grauem Haar
(man denke an die Erscheinung des Samuel 1Sam 28), ausgezeichnet mit
besonderer Würde und majestätischer Ausstrahlung, den Onias als Jeremias vorstellt. Dann streckt Jeremias seine rechte Hand aus, um dem
Judas ein goldenes Schwert zu überreichen.

Die Bedeutung des Textes für die Vorstellung himmlischer Fürsprecher
berührt uns hier nicht, wohl aber die leibliche Darstellung der Verstorbenen
im Traumgesicht. Als *hypar* [20] soll der Traum reell sein, im Unterschied
zu einem Traum, der keine Entsprechung in der Realität hat. Wie schon

---

[20] Statt *hyper* (so die MSS) ist 15,11 *hypar* zu lesen.

C. L. GRIMM betonte,[21] nennt der Autor den Traum nicht glaubwürdig, insofern ihn Judas wirklich gehabt und nicht ersonnen hat (das würde er dem Judas nicht zumuten), sondern weil der Inhalt des Traumes Wirklichkeit gewesen sei, d. h. Gott ihn im Traum einen wirklichen Vorgang im Jenseits habe schauen lassen.

Die Frage ist, wie konkret der Autor diese Traumvorgänge denkt. In der Gedankenwelt des AT wäre kein Zweifel an der Materialität der im Traum gesehenen Gestalten.[22] Wie aber steht es in 2Makk?

C. G. BRETSCHNEIDER hat die Ansicht geäußert, Jeremias habe schon die Auferstehungsleiblichkeit: C. L. GRIMM lehnt das zu Recht ab.[23] Wenn 2Makk an die Leiblichkeit der Toten denkt, ist es wohl eher in der Form des AT, wie sich bei der Untersuchung der Auferstehungsvorstellungen zeigen wird. Jene ATlichen Gedanken mögen nachwirken.

Doch ergeben sich ganz allgemeine Bedenken gegen die Realität der Traumvorstellung: nicht nur die betonte Unterscheidung des *hypar* gegenüber einem gewöhnlichen *oneiros*, sondern auch das Motiv des *goldenen* Schwertes und die Art der „Engel"-Erscheinungen (die mehr den Dioskuren gleichen als der biblischen Engelvorstellung) in 2Makk lassen die Möglichkeit offen, daß auch der Traum nur Darstellung einer theologischen Idee ist.

Gewiß, der Autor betont die Möglichkeit eines „wirklichen" Traumgesichts: die Wirklichkeit der Fürbitte des Onias und des Jeremias sowie die Verheißung göttlicher Hilfe sind aber wohl alles, was der Autor von 2Makk betonen will. Jedenfalls läßt sich nicht mit Sicherheit aus der Schilderung des Traumes entnehmen, ob für 2Makk die Toten „leiblich" existieren, wie man das im AT feststellen kann, und auch nicht, wo sich die beiden Fürsprecher aufhalten. Eine konkrete Vorstellung Gottes, seiner Engel, des Himmels und der Toten läßt sich in 2Makk nicht beweisen. Soll die Auferstehung leiblich sein, ist sie daher wohl auf Erden gedacht.

---

[21] C.L.W. GRIMM, Das zweite, dritte und vierte Buch der Maccabäer, 205.

[22] Man denke an die Erscheinung des Totengeistes Samuels vor der Hexe von Endor in Sam 28, eine Szene, die später in der rabbinischen Literatur viel diskutiert wurde (Schab 152b.153a; Ber 12b; Er 53b; Chag 4b; Sanh 65b. Älter als diese Stellen ist die Bearbeitung des Textes in LAB 64,7, dazu später). Freilich sieht Saul den Totengeist nicht; nur die Hexe sieht ihn, ein Zeichen, wie schwach man sich das jenseitige leibliche Dasein der Toten dachte — nur besonders befähigte Leute können ihn sehen; in verdünnter Form tragen die Toten in der Unterwelt nach dieser Anschauung jenes Aussehen weiter, das sie in der Todesstunde oder bei ihrem Begräbnis kennzeichnete, und deshalb können sie in dieser Gestalt auch den Lebenden erscheinen. Cf. auch Is 14,3-21 und Ez 32,17-32, 1Kg 2,6.9 sowie Gen 42,38 für die leibliche Vorstellung der Verstorbenen.

[23] C.L.W. GRIMM, l.c. 206. F.-M. ABEL, Les livres des Maccabées 475, folgt GRIMM: die Toten haben noch nicht den Leib der Herrlichkeit, aber damit man die *psychai* erkennen kann, erscheinen sie in körperlicher Weise.

4) Die Märtyrerlegenden 2Makk 6 - 7:

Die Hauptquelle für den Auferstehungsglauben in 2Makk sind die Märtyrerlegenden von Kap. 6 und 7. 6,12-17 und 7,42 umrahmen diesen Abschnitt, der innerhalb des Buches eine Einheit für sich bildet. Die Bezeichnung „Legende" ist absichtlich gewählt: im Unterschied zum Großteil von 2Makk haben wir hier eine Volkstradition vor uns, die sicher irgendwie auf Tatsachen aufbaut, diese aber frei ausgestaltet zu religiöser Erbauung. Diese Überlieferung ist wesentlich unliterarisch und hebt sich als solche deutlich vom Rest des Buches ab, auch wenn Sprache und Stil sonst übereinstimmen.[24]

Nach H.-W. SURKAU [25] hat der Autor von 2Makk diese Erzählungen schon in seiner Quelle vorgefunden. Jason selbst hat die Volkserzählung über die sieben Brüder übernommen, mit der ursprünglich selbständigen Erzählung von Eleazar verbunden (deutlicher Neuanfang in 7,1; beim Tod des Eleazar ist der König nicht dabei) und durch den Rahmen zusammengeklammert. Diese Entstehung ist wegen der literarischen Eigenart des Stückes wahrscheinlich; doch stimmt das Argument von H.-W. SURKAU nicht, daß die Wertung des Martyriums im Rahmen (6,12 *paideia*) sich von der im Text unterscheide (Sühne): nicht nur im Rahmen ist die *paideia* Motiv, sondern sie wird auch in der Rede des Jüngsten angeführt (7,31: ist allerdings Bearbeitung des Autors zur Inklusion des Berichtes, siehe dazu weiter unten) und der Tod des Eleazar gilt als *hypodeigma* 6,31. Der Sühnegedanke auf der anderen Seite ist höchstens in 7,38 vorhanden und auch da nicht sicher.[26]

Freilich bleibt auch die Möglichkeit offen, daß in Jason diese Märtyrerlegenden noch nicht waren.[27] Die Inhaltsangabe von Jasons Werk 2,19-23 erwähnt ja nichts von Martyrien. Dagegen spricht, daß der Autor sonst keine Quelle anführt, im Gegenteil 2,26 schon die Abkürzung des Werkes Jasons als gewaltige Mühe bezeichnet.[28] Stilistische Gründe lassen sich nicht anführen, da das Ganze sprachlich einheitlich ist. Letzte Sicherheit läßt sich nicht erzielen und ist auch letztlich relativ unbedeutend.

---

[24] S. ZEITLIN, The Second Book of Maccabees 19, verweist auf den Unterschied im Gebrauch von „Jude" (Jason) oder „Hebräer" (Epitomator) und baut darauf eine Quellenscheidung für das ganze Buch sowie weitere Folgerungen (Lokalisierung in Antiochien). Demnach stammt 6,12 - 7,42 vom Epitomator und war nicht im Buch des Jason. Es ist äußerst fragwürdig, ob man dieses Kriterium so auswerten kann und, zugleich mit der Unterscheidung von nüchternem oder wortreichem Stil, zur Quellenscheidung für das Buch verwerten kann. Das vereinfacht doch zu sehr!

[25] H.-W. SURKAU, Martyrien in jüdischer und frühchristlicher Zeit 9-24.

[26] Gegen SURKAU, l.c. 13. E. LOHSE, Märtyrer und Gottesknecht 68, betont richtig, daß 2Makk nicht ausdrücklich von Sühne spricht, sondern von Stellvertretung. Das ist für ihn Zeichen palästinischer Herkunft der Erzählung (p. 69).

[27] So z.B. I. LEVY, Les deux livres des Maccabées 27 Anm. 4.

[28] So etwa H. BEVENOT, Die beiden Makkabäerbücher 201f.

Die Volkserzählung, die unserem Texte zugrundeliegt, stammt wohl aus Palästina. Darauf deutet die Form des Auferstehungsglaubens; dort sind auch die Martyrien gedacht (die Anwesenheit des Königs gehört zum Stil der Märtyrerlegende und ist daher kein Grund, die Martyrien nach Antiochien zu verlegen). Das Fehlen von Semitismen erklärt sich hinreichend aus der zweimaligen griechischen Nacherzählung.

Wie haben die Erzählungen ursprünglich ausgesehen? Was ist der Anteil Jasons (oder des Autors) darin? Man möchte zuerst an die Reden denken und 6,10f als Muster dafür ansehen.[29] Doch gehören die Reden unbedingt zum Wesen der Legende, sind Deutung der Fakten, ohne die man diese nicht erzählt hätte. Auch ist mit H.-W. SURKAU auf das Schriftzitat in 7,6 zu verweisen (Dt 32,36): das einzige Zitat in 2Makk! Somit gehören die Reden sicher zum Urbestand der Legenden, sind aber ebenso sicher von Jason oder vom Autor besonders bearbeitet worden.

a) Der Tod des Eleazar 6,18-31:

Man hat Eleazar als Sadduzäer bezeichnet, der mutig, ohne Hoffnung für seinen Glauben starb.[30] Die spätere Tradition in 4Makk 5,4, daß er aus priesterlicher Familie war, würde diese Zuordnung zu den Sadduzäern unterstützen. Doch rechtfertigt sie auch der Text? Auf keinen Fall kann man ihn in seinem jetzigen Kontext so deuten: durch den Rahmen mit Kap. 7 zusammengefaßt, sind auch die Aussagen, die der Autor Eleazar in den Mund legt, von dort zu deuten. Genausowenig wie man denen unter den Brüdern, die nicht von der Auferstehung sprechen, die Leugnung der Auferstehung nachsagen kann, so auch nicht dem Eleazar. Der Autor (und in geringerem Maße auch die Volkserzählung, aber nicht leicht abgrenzbar) stellt in den Reden der Martyrer seine Leidenstheologie dar und verteilt dabei seine Anschauungen auf die einzelnen, bevor er sie in der Rede des Jüngsten zusammenfaßt.

Der erste Teil der Rede des Eleazar 6,24-28 sieht seinen Tod als *hypodeigma* für die Jugend (cf. 6,31), wie man für die Gesetze stirbt. Um die jungen Leute nicht zu verführen, lehnt er den Ausweg ab, nur so zu tun, als ob er Opferfleisch esse. Denn „wenn ich auch für jetzt der Bestrafung von Menschen entrinne, den Händen des Allherrschers werde ich nicht entfliehen, weder lebend noch tot" (6,26). Mit dem Tod ist für Eleazar nicht alles aus: auch tot kann er den Händen Gottes, d. h. seinem Gericht nicht entkommen (vgl. 7,31 „die Hände Gottes" mit 7,35 „das Gericht Gottes"). Es gibt also ein Überleben nach dem Tode für das Gericht.

---

[29] So J. STARCKY, Les livres des Maccabées 259, nach dem die Beschreibung der Martern und die Reden literarische Bearbeitung sind. Sicher enthalten sie solche Bearbeitung, aber ohne sie ist die Volkserzählung nicht denkbar! Richtig F.-M. ABEL, Les livres des Maccabées 370: der Autor hat die Reden nur überarbeitet.

[30] F.-M. ABEL - J. STARCKY, Les livres des Maccabées 20.

Die Stelle erinnert an Ps 139,7f: „Wohin sollte ich fliehen vor deinem Angesicht? Wenn ich in den Himmel hinaufstiege, bist du da; wenn ich mich in die Scheol hinlege, auch da bist du" (cf. Am 9,2). Im Angesichte des Todes wird dieses Bild für die überall hinreichende Macht Gottes Ausdruck für ein Leben nach dem Tode. Der Ausdruck „die Hände des Allherrschers" würde in anderer Umgebung auf die Leiblichkeit des jenseitigen Lebens verweisen, hier aber ist er schon ein bloßes Bild geworden, mit „Gericht" vollkommen austauschbar, sodaß man daraus nichts mehr entnehmen kann.

„Dem Herrn, der das heilige Wissen hat, ist es offenkundig, daß ich, obwohl ich dem Tod entrinnen könnte... wegen meiner Ehrfurcht für ihn leide" (6,30): das ist ein deutlicher Ruf des Vertrauens in Gottes vergeltende Gerechtigkeit (cf. 7,6 „Der Herrgott blickt herab"). 4Makk 6,27-29 deutet diesen Vers auf das Sühneleiden für das Volk um: doch ist ein solcher Gedanke in 2Makk fraglich (zu 7,38 siehe später). Wahrscheinlicher ist, daß Eleazar hier implizit die Hoffnung auf Belohnung nach dem Tod ausspricht. Worin diese Belohnung besteht, ist nicht gesagt. Es wäre immerhin im Einklang mit der Vergeltungslehre von 2Makk, als diese Belohnung das „Leben" anzunehmen, nachdem ja Eleazar für den Herrn den Tod auf sich nahm: wie wir noch näher sehen werden, bekommen alle das zurück, was sie für den Herrn gegeben haben. Und damit wäre auch in der Eleazargeschichte die Hoffnung auf die Auferstehung impliziert. Diese Auslegung ist nicht sicher, aber durch den Kontext wahrscheinlich gemacht.

b) *Die sieben Brüder:*

Stärker noch als die Erzählung vom Tode Eleazars ist die vom Martyrium der sieben Brüder typisch legendäre Volkserzählung.[31] Darauf verweisen die Anwesenheit des Königs, die Siebenzahl der Brüder und die Rolle der Mutter, die eigentlich selbst nichts zu tun hat, sondern nur da ist, um ihre Söhne zu ermahnen, und die schon zum Typus der starken Frau der Bibel geworden ist. Die gestaltende Hand des Autors ist besonders in den Reden der Mutter und in der des Jüngsten deutlich. Zum Aufbau der Erzählung ist zu bemerken, daß die Rede des Letzten Zusammenfassung der Leidenstheologie ist und schon vor dem eigentlichen Abschluß in 7,42 mit der längeren Einführungsrede 6,12-17 verklammert. Der erste der Brüder legt für alle den Grundsatz klar: „Lieber sterben wir als die Gesetze der Väter zu übertreten" (7,2). Seine Brüder und seine Mutter sprechen für ihn das Wort der Hoffnung, während er stirbt: „Der Herrgott blick herab" und verweisen auf Dt 32,36 (cf. Ps 135,14): „Und er wird sich seiner Diener erbarmen" (7,6). Daß das Zitat in seinem

---

[31] Cf. dazu z.B. D. ARENHOEVEL, Die Hoffnung auf die Auferstehung 36.

ursprünglichen Sinn hier nicht ganz am Platz ist,[32] tut nichts zur Sache. Wichtig ist für uns hier das Vertrauen der Martyrer auf das Erbarmen des Herrn.

Denkt hier der Autor an das Volk oder spezifisch an die Martyrer? Wird Gott, trotz des Martyrertodes so mancher, sich einst wieder des Volkes erbarmen, oder gilt der Satz besonders von den Blutzeugen? *Douloi* bedeutet im Text des Zitates das Volk, steht aber auch öfter in der Erzählung für die Martyrer. *Eph' hēmin* am Anfang des Verses bezieht sich zwar direkt auf die Familie, nicht das Volk; so besagt der Vers zunächst die Hoffnung für die Mutter und ihre Söhne. Es ist aber nichts gesagt, ob dieses Erbarmen Gottes darin besteht, daß er sie doch noch vor dem Tode bewahrt, oder ob die Hoffnung über den Tod hinausgeht. Die folgenden Aussagen weisen darauf hin (ohne die andere Deutung auszuschließen), und auch die für 2Makk einmalige Zitierung der Schrift deutet auf das Einmalige, Außergewöhnliche der Hoffnung: auch nach dem Tode noch zeigt der Herr sein Erbarmen.

Ganz deutlich ist das letzte Wort des Nächsten 7,9: *Sy men, alastōr, ek tou parontos hēmas zēn apolueis. Ho de tou kosmou basileus apothanountas hēmas hyper tōn autou nomōn eis aiōniou anabiōsin zōēs hēmas anastēsei.*[33] In antithetischem Aufbau stellt der Vers den irdischen Despoten dar im Gegensatz zum König des Alls; wo der eine ausschließt, stellt der andere wieder auf, erweckt auf. Der diesseitigen Existenz (*zēn* im Unterschied zu *zōē*) steht das neue, ewige, tatsächliche Leben gegenüber (man beachte den pleonastischen Ausdruck!). Was der Tyrann nehmen kann, ist bei weitem nicht das wert, was der Weltenkönig dafür zurückerstattet. Die Begründung steht in der Mitte des Satzes: weil sie für seine Gesetze sterben. Weil sie das Leben gaben, gibt der Herr Leben zurück. Der Herr vergilt immer Gleiches mit Gleichem, wenn auch in unvergleichlichem Maß.[34]

Die Rede des Dritten 7,11 [35] bewahrt davor, das ewige Leben im Sinn der Unsterblichkeit von Weish 3 [36] zu verstehen: „Vom Himmel habe ich

---

[32] Cf. H.-W. SURKAU, Martyrien 20f; J. MOFFAT z.St.

[33] Einige MSS lassen das zweite *hēmas* aus. Nach F.-M. ABEL, Les livres des Maccabées 373, ist *hēmas* betont, im Gegensatz zu den Gottlosen, für die es keine Auferstehung *eis zōēn* gibt. Mit P. KATZ, The Text of 2Maccabees reconsidered 14, lesen wir *aiōniou* statt *aiōnion*: „life is eternal, the resurrection is not".

[34] A. KAHANA, Hasfarim II 200, versteht 7,9 richtig von der Auferstehung des Leibes: das stimmt im Kontext, geht aber über diesen Vers hinaus, besonders wenn er schreibt, daß „die Toten in ihren eigenen Leibern auferstehen werden".

[35] H. BEVENOT, Die beiden Makkabäerbücher 203, vermutet in v. 11 auf Grund der altlateinischen Version (ed. D. de BRUYNE) einen Einschub in den ursprünglichen Text; ebenso P. KATZ, The Text 19f: „We may rest assured that the speech, once in the text, would never have been removed from it" (p. 20). Doch ist die Frage der Echtheit des Verses wohl kaum zu entscheiden. Es wäre jedenfalls unwahrscheinlich, daß nur dieser von den Brüdern nichts zu sagen hätte!

[36] Dazu C. LARCHER, Etudes sur le livre de la Sagesse, Paris 1969, 280-327; R. SCHÜTZ, Les idées eschatologiques du livre de la sagesse, Straßburg 1935; H. BÜCKERS, Die

das (*tauta*) erhalten, und wegen seiner Gesetze erachte ich es (*tauta*) für gering, und durch ihn hoffe ich es (*tauta*) wieder zu erhalten". Auch hier ist der Aufbau dreigliedrig, mit der Motivierung im Zentrum: um seiner Gesetze willen erachtet er seine Zunge und seine Hände (v. 10) für nichts; von Gott (= Himmel) hat er sie, von ihm bekommt er sie wieder.

Bedeutet das *tauta*, daß er genau diese seine abgeschnittenen Hände wiedererwartet? Das ist die übliche Auslegung und das dreimalige *tauta* scheint das zu besagen, obwohl manchmal *tauta* auch „solche" bedeuten kann. Trotzdem kann man bezweifeln, ob das bewußte, reflektierte Aussageabsicht ist, auch wenn man den Satz später so gedeutet hat. Es ist zu beachten, daß diese zwei Kapitel nicht ausdrücklich von der Auferstehung des Leibes sprechen, wiewohl ein Satz wie dieser zeigt, daß die Auferstehung leiblich verstanden wurde. Bezeichnend ist, daß 7,37 der letzte Bruder zwar sagt, daß er Leib und Seele hingibt, aber nicht, daß er sie sich zurückerwartet. Das dreimalige *tauta* besagt daher wohl nicht (zumindest nicht primär), daß er genau diese Hände, diese Zunge wieder zurückbekommen will, sondern vor allem die Gerechtigkeit Gottes in seiner Vergeltung.

Für diesen Vergeltungsglauben lassen sich mehrere Texte anführen: der Mörder wird ermordet (3,38), der Tempelräuber beim Tempelschatz erschlagen (3,42); wer anderen das Begräbnis verweigert, bekommt selbst kein Begräbnis (5,10); der die Juden als Sklaven verkaufen wollte, muß selbst wie ein Sklave fliehen (8,34f); der die heilige Asche entweihte, stirbt in der Asche (13,8) usw. Wer daher für Gott sein Leben gibt, bekommt von ihm Leben; wer für ihn die Hände gibt, bekommt natürlich auch die Hände wieder. Der Ton liegt auf der Gerechtigkeit des vergeltenden Gottes. Deshalb ist der Sterbende gewiß, daß er nicht ohne Hände auferstehen kann. Die Auferstehung ist leiblich, aber nicht unbedingt im Sinn einer Auferstehung des materiell selben Leibes. Sonst müßten die Brüder auch von einer Wiedervereinigung von Leib und Seele reden,[37] was sie aber nicht tun, genausowenig wie sie den Tod als Trennung von Leib und Seele darstellen.

Der Vierte (7,14) wiederholt den Grundsatz: „Besser ist es, von Menschenhand zu sterben, wenn man von Gott die Hoffnung hat, von

---

Unsterblichkeitslehre des Weisheitsbuches, Münster 1938; J.M. REESE, Hellenistic Influence on the Book of Wisdom and its Consequences, Rom 1970.

[37] S. ZEITLIN, The Second Book of Maccabees 55, überinterpretiert den Text, wenn er schreibt: „The body and soul will be resurrected as in the living state; the parts of the body that were dismembered would be restored to the body in resurrection". Ähnlich z.B. H. BÜCKERS, Das ‚ewige Leben' in 2Makk 7,36, 411, und M. LACONI, Primo e secondo libro dei Maccabei, Padua/Turin 1960 (p. 389: „saranno le stesse identiche membra che oggi periscono a essere restituite nella risurrezione"). Gut dagegen und zurückhaltend F.-M. ABEL - J. STARCKY, Les livres des Maccabées 18-20. Cf. auch K. SCHUBERT, Die Entwicklung der Auferstehungslehre 191; 206 schreibt er, die Texte lassen sich von der resurrectio carnis verstehen, sind aber nicht eindeutig. Deutlich sei nur die Leiblichkeit der Auferstehung.

ihm wieder auferweckt zu werden (*anastēsesthai*)". Keine nähere Beschreibung der Auferstehung ist notwendig; das wurde schon gesagt. Ab jetzt beschäftigt sich die Rede des Sterbenden auch mit dem Geschick des Königs als des Vertreters der Gottlosen, und deckt so die negative Seite des Auferstehungsglaubens auf: *soi men gar anastasis eis zōēn ouk estai.* Ist die Auferstehung zum Leben die einzige Form der Auferstehung, die sich 2Makk vorstellen kann, oder gibt es, wie in Dan 12, auch eine Auferstehung zum Gericht? Sicher denkt der Verfasser nicht, daß für die Sünder mit dem Tod alles vorbei sei. 6,26 hat uns das erwiesen. Statt der Auferstehung fürs Gericht kann aber 2Makk auch an einem ständigen Verbleib in der Scheol, ohne Auferstehungshoffnung (cf. 1Henoch), gedacht haben. Das geht aus dem Text nicht hervor.[38]

7,16f bringt die Rede des Fünften, die das Geschick des Königs weiter ausmalt. Die Rede ist, ähnlich wie die des zweiten und des dritten Bruders, wieder in Antithesen aufgebaut, die die vermeintliche Macht des Königs über Menschen mit seiner Sterblichkeit kontrastieren, vor allem aber mit der überragenden Macht Gottes, der ihn bestraft. Die Mitte gibt wieder das Motiv: „glaube nicht, unser Volk sei von Gott verlassen worden". Die Drohung *se kai to sperma sou basaniei* sieht der Autor wohl in 9,5 erfüllt, wo er von den *basanoi* des unheilbaren Königs spricht. 9,12 läßt er den Tyrannen sprechen (mit Bezug auf 7,16): „Es ist recht, sich Gott zu unterwerfen und nicht, obwohl sterblich (*thnēton onta*; 7,16 *phthartos ōn*), sich für gottgleich zu halten". Damit hat er allen Gottes Macht offenbart (9,8; cf. 7,17). Die Bestrafung des Königs ist hier also auf Erden gedacht (ausschließlich?).[39]

Die Worte des sechsten Bruders 7,18f erklären, warum Antiochus solche Macht über die Juden hat. Er soll sich keinen Illusionen hingeben: „Wir leiden das nämlich um unser selbst willen, weil wir gegen unseren Gott gesündigt haben". Ihre eigenen Sünden sind es, deretwegen Gott Erstaunliches hat geschehen lassen. Doch, obwohl Instrument in der Hand Gottes, „glaube nicht, straflos zu bleiben, *theomachein epicheirēsas*". Sein Kampf gegen das heilige Volk ist ein Kampf gegen Gott, den er nicht schuldlos auf sich nimmt. Dieser Gedanke ist im AT nicht selten: Gott bestraft

---

[38] Cf. W. MARCHEL, De resurrectione 330f. Er urteilt sehr vorsichtig und zurückhaltend, kommt dann aber doch zum Schluß, die allgemeine Auferstehung werde schon hier irgendwie angedeutet. Besser ist der Schluß 339: „Resurrectionem improborum neque negat, neque expresse docet, sed saltem eorum permanentiam post mortem supponit". F.-M. ABEL - J. STARCKY, l.c. 21, schreiben, der Autor sage nichts von der jenseitigen Strafe der Sünder; denn „il voyait mal comment un cadavre non revivifié pouvait souffrir. Pour ses devanciers, l'âme, c'était la nephesh, c'est-à-dire l'homme en tant que personne, laquelle leur semblait passible de maux physiques. Mais pour lui, l'âme, c'est la *psychē* des Grecs, laquelle excluait le corps et ne pouvait donc être livrée aux tourments matériels". Das stimmt weithin wenn auch die *psychē* nach 2Makk nicht genau qualifiziert ist.
[39] C.L.W. GRIMM, l.c. 123, läßt die Frage offen.

durch Menschen, letztlich aber vernichtet er sein Werkzeug. Das Motiv
der Bestrafung wird hier nicht mehr ausgebaut; es klingt ab, wie schon 7,14
das Auferstehungsmotiv: beide kommen im Abschluß wieder.

Vor dem Tod des letzten Bruders schiebt der Erzähler ein verzögern-
des Element ein; die bisher zügige Handlung stockt, bevor sie in 7,39-41
in kurzen Worten zu einem schnellen Ende kommt. Die Mutter soll den
Jüngsten überreden, sich zu retten. Doch zuvor noch berichtet die Legende
verspätet, was sie zu allen beim Sterben sagte. In ihren Worten 7,22-23
und 27-29 drückt der Autor seinen Glauben aus (diese Worte der Mutter
und des Jüngsten sind wohl am meisten vom Autor bearbeitet, wenn nicht
zum Großteil geschaffen worden), bringt die Auferstehungshoffnung mit
dem Schöpfungsglauben zusammen. Beide Reden der Mutter sind parallel
aufgebaut: zuerst ein Satz über das Werden des Menschen (v. 22/27), dann
eine Schilderung des Schöpfungswerkes Gottes (v. 23a/28), schließlich die
daraus zu entnehmende Hoffnung (23b/29).

V. 22 schildert das Werden des Menschen und betont, wie nichtig dabei
der Anteil der Mutter ist (*ouk oid'... ouk egō... ouk egō...*). V. 23a weist
auf den Schöpfer der Welt: er ist es, der *pneuma* und *zōē* gab, der für die
Genesis des Menschen und von allem verantwortlich ist, „er wird euch
voll Erbarmen sowohl *pneuma* wie auch *zōē* wiedergeben" (23b); dann
folgt das schon früher genannte Motiv des Leidens nach: wegen seiner
Gesetze (cf. 6,28; 7,2.9.11). Weil Gott einst Geist und Leben gab, kann man
das von ihm auch in der Zukunft wiedererwarten. Die Auferstehung ist
nach Art der Entstehung des Menschen im Mutterleib gedacht,[40] dies aber
in engem Anschluß an die Erschaffung des Menschen in Gen 2,7 oder noch
mehr Job 10,8-12: Gott hat den Menschen mit seinen Händen geformt, wie
Ton, wie Milch ihn gerinnen lassen, mit Haut und Fleisch ihn überkleidet,
in Knochen und Nerven gewoben (cf. 2Makk 7,22 *stoicheiōsin... dierrythmisa*), dann (in 2Makk 7,22 zuvor genannt) mit Leben (*zōē*) beschenkt und hat
über seinen Atem (*pneuma*) gewacht.

Ist nun die Auferstehung so gedacht, daß Gott die Leiche wiederbelebt,
indem er ihr *pneuma* und *zōē* wieder zurückgibt, die im Tod zu ihm heim-
gekehrt sind? Wenn ja, was ist mit der Seele (*psychē*) geschehen? Denn,
wie 6,26 gezeigt hat, etwas überlebt den Tod! Ich glaube nicht, daß man
aus der Analogie mit der Schöpfung diese Folgerung ziehen muß, daß der
Leichnam bei der Auferstehung wiederbelebt wird. Sonst müßte man mit
gleicher Konsequenz aus 7,28 das Gegenteil folgern (Erschaffung aus dem
Nichts).

---

[40] Jedoch erst später bei den Rabbinen ist die Vorstellung detaillierter. Im Streit
der Schulen Hillels und Schammais gehen beide vom Prinzip aus: „Zwei Bildungen,
eine in dieser Welt, eine in der kommenden Welt", doch nach der Schule Schammais
die kommende Bildung nicht wie die in dieser Welt, d.h. sie wird von den Knochen aus-
gehen und mit Fleisch und Haut enden; nach den Anhängern Hillels hingegen wird
der Mensch in der kommenden Welt geformt gleich wie in dieser Welt (Gen. Rabba 14,5;
cf. Lev. Rabba 14,9).

Wenn wir die altisraelitische Auffassung vom Toten voraussetzen (und dazu sind wir in einer Volkstradition wie dieser berechtigt, auch wenn man von den Auschauungen des Autors vielleicht unterscheiden müßte), kann man wohl die hier geäußerten Hoffnungen vereinen: nach Auffassung des hebräischen AT „überlebt" der Tote als ganzer, obwohl man nicht mehr von einem Leben reden kann; bekommt einer der Rephaim *zōē* und *pneuma* zurück, so lebt er wieder voll auf, d. h. auch in seiner vollen Leiblichkeit. Da man sich nun die Toten in der Scheol so vorstellt, wie sie gestorben sind bzw. wie sie begraben wurden, müßten die Brüder ohne Hände, Zunge usw. zu neuem Leben kommen (cf. dazu später die rabbinische Auffassung, daß die Lahmen zunächst lahm auferstehen werden usw. [41]). Doch äußert 7,11 die Gewißheit, die Glieder wieder zurückzubekommen, weil sie für Gott eingesetzt wurden.

Auch von daher ist also eine Interpretation von 7,11 im Sinn der Auferstehung des materiell identischen Leibes nicht notwendig. Allen Stellen ist Genüge getan, wenn wir sie von einer leiblichen Auferstehung verstehen, ohne die Identität des gestorbenen Leibes mit dem Auferstehungsleib zu behaupten. In gewissem Sinn ist der Auferstehungsleib identisch mit dem gestorbenen, da er sich von ihm nicht unterscheidet; trotzdem ist es nicht notwendig derselbe; es kann auch ein neuer Leib sein, der dem alten genau entspricht. Doch damit haben wir wohl die Linien aus unserem Text schon etwas weit ausgezogen. Zu betonen ist die Verbindung von Auferstehungshoffnung und Schöpfungsglauben, der Rest ist mehr oder weniger beweisbare Deutung.

7,27 ist der Verweis auf das Werden des Kindes Motiv in der Ermutigung des Sohnes; darum ist jetzt das Werk der Mutter positiv geschildert. Dann lenkt die Mutter seinen Blick zum Himmel, zur Erde und zu allem Geschaffenen: „*ouk ex ontōn* (andere MSS: *ex ouk ontōn*) hat sie Gott gemacht. Genauso entstand das Menschengeschlecht". Wenn v. 29 den Sohn mahnt, den Henker nicht zu fürchten, sondern sich seiner Brüder würdig zu erweisen, wertet die Mutter eigentlich das Motiv von v. 28, die Schöpfung aus dem Nichts, nicht aus. Die Schlußfolgerung müßte eigentlich sein: Genauso wird Gott euch aus dem Nichts wiedererschaffen. Doch diese Schlußfolgerung bleibt aus, bzw. implizit. Dies deutet vielleicht auf eine Erweiterung seiner Vorlage durch den Autor (bzw. Jason), da ja vv. 27-29 relativ wenig Neues bieten im Vergleich zu 7,22f. Die Hoffnung von v. 29 ist, daß die Mutter den Jüngsten mit seinen Brüdern wiedererhalte. Das Auferstehungsleben ist also ein Leben in wiederhergestellter Gemeinschaft; der Auferstehungsleib aber ist, wenn wir das Motiv von v. 28 voll auswerten dürfen, neue Schöpfung, geschaffen aus dem Nichts.

Die Rede des Jüngsten 7,30-38 faßt nun wortreich die wichtigsten Punkte zusammen. V. 30 beginnt sie wie die Rede des ersten Bruders mit einer

---

[41] So Sanh. 91h. Für weitere Parallelen cf. A. MARMORSTEIN, The Doctrine of the Resurrection 153 - 155; Cf. auch 2Bar 50,2f.

Frage: „Was wartet ihr?" und beteuert die Treue zum Gesetz (7,2; cf. 6,29/
7,9). Antiochus wird seiner Strafe nicht entkommen (v. 31; cf. 7,19/6,26).
Die Brüder leiden nur um ihrer Sünden willen (v. 32; cf. 7,18).[42] Nur kurz
straft sie Gott zur Belehrung, doch er versöhnt sich wieder mit seinen
Knechten (7,33; cf. 6,16.12/7,6.16). Zur Drohrede gegen Antiochus in 7,34-37
vergleiche die weitgehenden wörtlichen Entsprechungen in der Schilderung
seiner Krankheit 9,5-21.

Neu ist die Formulierung von v. 37, daß er *sōma* und *psychē* für die
väterlichen Gesetze hingebe, ohne daß die Hoffnung ausgedrückt wird, sie
wiederzuerhalten. Damit hofft er mit seinen Brüdern den Zorn des Allherrschers gegen das Volk aufzuhalten (v. 38). Ist damit der Sühnegedanke
ausgedrückt? Nicht unbedingt: der Gedanke, daß sie gerechterweise den
Zorn Gottes aufhalten müssen, könnte auch ein implizites Sündenbekennt-
nis sein (cf. die Episode mit Jonas!), cf. 7, 32. Sonst scheint ja der Sühnegedanke nicht auf. V. 36 nun schildert die Hoffnung, was er sich dafür erwartet, daß er Leib und Seele, d.h. sich hingibt: *brachyn hypenegkantes
ponon aennaou zōēs hypo diathēkēn theou peptōkasin.*

Die Übersetzung des Verses ist umstritten, die Lösung der Frage für
unser Thema bedeutsam. Man kann *aennaou zōēs* zu dem vorhergehenden
ponon oder dem nachfolgenden *hypo diathēkēs* ziehen. Die zweite Möglichkeit könnte besagen, daß die Brüder jetzt schon das ewige Leben genießen,
was mit der übrigen Theologie der Martyrergeschichten nicht übereinstimmt. Da müßte das ewige Leben unabhängig sein vom (in der gedachten
Situation noch daliegenden) Leib. Das ewige Leben ist Zukunft. Auch macht
die Grammatik wahrscheinlicher, daß „ewiges Leben" sich auf *ponos* bezieht: wo nämlich von einem Substantiv zwei Genitive abhängig sind, wie
das in der anderen Lösung der Fall wäre, steht zwar wie hier gewöhnlich
der eine davor und der zweite danach — doch sollte der erste Genitiv
nach der Präposition stehen, nach *hypo.*

Daher übersetzen wir nicht: „Nachdem unsere Brüder kurze Pein auf
sich genommen haben, sind sie unter den Bund Gottes, d.h. das ewige
Leben (Genitivus epexegeticus) eingegangen" (wörtlich: gefallen);[43] noch
weniger ist die Übersetzung von F.-M. ABEL[44] anzunehmen: „après avoir
supporté une douleur passagère, ils boivent à la vie qui ne tarit pas, en
vertu de l'alliance de Dieu"; es ist reine Konjektur ohne Stütze in den

---

[42] P. KATZ, The Text 20, folgt mit D. de BRUYNE dem lateinischen Text und betrachtet
7,32 als sekundär und Vorwegnahme von v. 33.

[43] R.H. CHARLES, Eschatology 276, übersetzt: „died under God's covenant of ever-
lasting life". Hier bleibt die Frage offen, ob sie das ewige Leben jetzt schon haben; die
Übersetzung ist so theologisch annehmbar. Anders aber steht es mit der Übersetzung
von A. KAHANA, Hasfarim II 201: „sie haben das ewige Leben im Bunde Gottes erhalten".

[44] So in der Bible de Jérusalem in einem Band. Im getrennten Faszikel, das er mit
J. STARCKY bearbeitete (Übersetzung von ABEL), ändert er die Übersetzung: „en vue
d'une vie intarissable" (ohne das Verb).

MSS, wenn ABEL das schwierige *peptōkasin* mit *pepōkasin* ersetzt.[45] Die Übersetzung ist, wenn wir „ewiges Leben" mit „Pein" verbinden: „Nachdem unsere Brüder für das ewige Leben kurze Pein erduldet haben, sind sie des Bundes Gottes teilhaftig geworden".[46] Jetzt schon stehen die Brüder in Gottes Bund, haben schon die Hoffnung auf die Auferstehung. Diese Lösung entspricht am besten der Theologie von 2Makk.

Abschließend sei noch betont, wie sehr der Autor die Märtyrererzählung-gerade durch die Rede des Jüngsten literarisch fest in seinem Werk verklammert hat, durch enge Verbindungen zur Einleitung 6,12-17 und nach vorn zur Schilderung der Krankheit des Antiochus 9,5ff. Die Rede des Jüngsten zeigt auch das paränetische Behühen des Autors, das schon in der Einleitung hervortritt. Er versetzt den Leser in die Lage der Martyrer; er soll sich mit ihnen eins fühlen. Wie schon 7,6 verstehen läßt, ist die Hoffnung der Martyrer die Hoffnung aller Knechte Gottes (cf. 7,16); 7,36 schließt betont alle Leser ein: *„unsere* Brüder", obwohl nur noch einer lebt (vielleicht ist auch das Fehlen des Possessivums in 7,37 so zu deuten: *die* Brüder). Diese paränetisch-katechetische Ausrichtung macht es unmöglich, die Auferstehungshoffnung auf die Martyrer zu beschränken, sondern weitet sie aus auf alle „Knechte des Himmels" (7,34), die unter dem Bunde Gottes stehen (nur hier die Betonung des Bundes).[47]

5) **Der Selbstmord des Razis 14,37-46:**

Die Episode mit Razis gehört formschichtlich in eine ähnliche Gruppe wie die Martyrergeschichten, besonders die des Eleazar. Auch diese Erzählung ist legendenhaft ausgebaut, aber stärker in die makkabäische Geschichte eingegliedert (cf. besonders die Nennung des Nikanor! In 6-7 bleibt der Verfolger ungenannt, ist „der König"; ebenso die ausdrückliche Nennung Jerusalems: in 6-7 ist kein Ort angegeben; auch die militärische Aktion gehört mehr der Geschichtsschreibung an).

Razis wird bei Nikanor als jüdischer Patriot denunziert; dieser veranlaßt seine Verhaftung. Während schon die Soldaten das Haus umgeben, in dem sich Razis befindet, versucht er sich mit dem Schwert zu töten, verletzt sich aber nur. So stürzt er sich von der Mauer, erhebt sich blutend vom Boden und läuft durch die Menge hindurch auf einen steilen Felsen: damit ist die Bühne für die makabre Szene gerichtet, auf die es der

---

[45] Diese Konjektur geht auf F.J.A. HORT zurück: auch J. MOFFATT in R.H. CHARLES, Apocrypha, nimmt sie an. Ebenso K. HANHART, The Intermediate State in the NT: schon jetzt trinkt der Tote vom „ewigfließenden Leben".

[46] Dies ist die Auslegung von H. BÜCKERS, Das ‚ewige Leben' in 2Makk 7,36. Ihm folgt W. MARCHEL, De resurrectione 335.

[47] G. WIED, Der Auferstehungsglaube des späten Israel, 102f, sieht hier nur die Auferstehung der Märtyrer ausgesagt, obwohl er betont, daß für 2Makk die Auferstehung im Bund begründet ist.

Erzähler angelegt hat: Razis reißt seine Eingeweide heraus und wirft sie in die Menge, „indem er den Herrn *tēs zōēs kai tou pneumatos* anruft, ihm das (*tauta*) wiederzugeben" (14,46).[48]

Die dahinter stehende Theologie ist mit der von 2 Makk 7 völlig identisch. Er ruft den Herrn von Geist und Leben an wie die Mutter der sieben Brüder (7,22f), d.h. er hofft von ihm Geist und Leben wiederzuerhalten. Er möchte „diese Eingeweide" wieder haben: es ist wieder die Vergeltungslehre, die den Martyrer inspiriert, ebenso wie in 7,11. Das dort Gesagte gilt auch hier: der Ton liegt nicht auf der Identität der Eingeweide, sondern auf der präzisen Vergeltung. Natürlich hofft Razis darauf, daß er nicht ohne Eingeweide ins Leben eingeht, nicht ohne sie aufersteht (cf. dagegen Mt 18,8-9: es ist besser, mit einer Hand, einem Fuß oder einem Auge allein ins Leben einzugehen, als mit dem unversehrten Leib in die Gehenna geworfen zu werden). Die Auferstehung ist leiblich, mehr ist nicht ausgesagt.

6) Das Opfer für die Toten 12,43-45:

Dieser Text ist als Lesung in der Totenmesse allgemein bekannt. Judas läßt nach der Sabbatruhe die Toten einsammeln; dabei entdeckt man, daß sie um den Hals Amulette des Heiligtums von Jamnia tragen: das ist also der Grund, warum sie gefallen sind. Judas veranstaltet eine Sammlung, deren Ergebnis er für ein Sühnopfer nach Jerusalem schickt. Der Autor schließt daran eine Erwägung: Judas hat vollkommen gut und vernünftig gehandelt, *hyper anastaseōs dialogizomenos* (v. 43). Das Totenopfer hat nur dann einen Sinn, wenn man an die Auferstehung glaubt.

Die folgenden Worte haben zwei Glossen in den Text der LXX übernommen, die noch bei Lukian klar als solche erkennbar sind.[49] Der jetzt überladen wirkende Text von 12,44f wird, wenn man diese Glosse erkennt, zu einem äußerst interessanten Zeugnis für den Streit um die Auferstehung. Der eigentliche Text geht weiter: *tous gar propeptōkotas anastēnai prosedoka, emblepōn tois met' eusebeias koimōmenous kalliston apokeimenon charistērion*. Deshalb ließ er für die Toten Sühne leisten, daß sie von ihrer Sünde befreit würden.

Diesen Text hat nun am Ende von v. 44 ein Leser erweitert, der ein Sadduzäer sein könnte: *perisson kai lērōdes hyper nekrōn euchesthai*. Für Tote zu beten ist nutzlos. Diese Auffassung setzt nicht unbedingt eine Leugnung der Auferstehung voraus, diese ist aber wahrscheinlich. Ein anderer Leser fügt nach *charistērion* (v. 45a) ein: *hosia kai eusebēs hē epinoia*. Also genau die gegenteilige Auffassung. Ein Kopist hat nun beide

---

[48] G. WIED, l.c. 104f: *tauta* könnte sich auch auf *pneuma* und zōē beziehen und nicht auf die Eingeweide.

[49] F.-M. ABEL, Les livres des Maccabées 445-7 nach der Textausgabe von D. de BRUYNE (Maredsous 1932). Cf. P. KATZ, The Text 21.

Randglossen in den Text gezogen und durch Einfügung von *ei mē* (v. 44) und *eite* (v. 45) mit dem Auferstehungsglauben des Verfassers harmonisiert Das zeigt, was wir auch aus anderen Quellen hinlänglich wissen, daß die Auferstehung noch lange umstritten war. Über die Art der Auferstehung sagt der Text weiter nichts, doch dürfen wir sicher im Sinn der Martyrerlegenden auslegen.

7) **Zusammenfassung:**

2 Makk ist in seiner Anthropologie schon stark vom Hellenismus beeinflußt. Das gilt vor allem vom Vokabular, aber damit notwendig auch in gewissem Maß vom Denken. Das sieht man besonders im Bewußtsein des Gegensatzes Leib-Seele sowie in der Beschreibung des Sterbens. Doch geht hier der Hellenismus nicht sehr tief; viel bleibt rein literarisches Kleid, rhetorische Formel. Der Leib ist nicht abgewertet, nicht verachtet, die Seele bekommt kein Eigenleben getrennt vom Leibe. Gedanken wie die Präexistenz der Seele oder ihr getrenntes Weiterleben nach dem Tode drückt der Autor nie aus. Das Leben ist immer noch wesentlich leibliches Leben. Darum ist einerseits der Gedanke einer Unsterblichkeit der Sele unmöglich, andererseits aber auch der Gedanke einer Auferstehung des Leibes als Wiedervereinigung mit der Seele äußerst unwahrscheinlich. Dasselbe gilt von der Vorstellung der Auferstehung des materiell identischen Leibes: nur die Vergeltungslehre verursacht Formeln, die man in diesem Sinn mißverstehen könnte. Die Auffassung der Seele ist noch nicht so entwickelt, daß diese Auffassung der Auferstehung möglich wäre. Die Auferstehung ist leiblich, aber nicht eine Auferstehung eben desselben Leibes.

Wo stellt sich 2 Makk das Auferstehungsleben vor? F. NÖTSCHER und D. ARENHOEVEL denken an den Himmel, das himmlische Paradies.[50] Die Texte geben keine direkte Antwort auf diese Frage, aber die Gesamttheologie von 2 Makk macht wohl eindeutig: die Auferstandenen leben nicht im Himmel — dieser Gedanke wäre neu —, sondern wieder auf der Erde. Die Vorstellungen des Buches sind ja so unkonkret, wo es um Gott und seine Welt geht. Die Welt der Toten ist überhaupt nur einmal erwähnt, und da in einer Redensart. Einzig der Traum des Judas könnte eine konkrete Vorstellung des Jenseits andeuten, was aber aus dem Gesamtzusammenhang des Buches unwahrscheinlich wird. Die Engel sind ziemlich rein literarisches Motiv zur Darstellung des Geschichtswirkens Gottes; der Himmel ist so abstrakt wie nur möglich: wo er nicht das geschaffene Firmament ist, ist er meist ehrfürchtige Bezeichnung Gottes; Gott selbst wird nur in seinem Wirken mit der Welt, sei es die Erschaffung, sei es die

---

[50] F. NÖTSCHER, Auferstehungsglauben 170; D. ARENHOEVEL, Die Hoffnung 40; idem, Theokratie 158f (sofort nach dem Tode).

Lenkung der Geschichte, konkret-lebendig: da kann man das so konkret gedachte Auferstehungsleben nur auf der Erde denken. Über die Art des neuen Lebens reflektiert der Autor kaum: es ist ewiges Leben, Leben in vollem Sinne (*anabiōsis zōēs*): das genügt.

Der Anstoß für die Auferstehungslehre von 2 Makk ist der Vergeltungs-glaube.[51] Die Lehre von der Schöpfung und der Allmacht Gottes gibt den theologischen Untergrund. Vom Vergeltungslauben her muß der Autor dann natürlich die *anastasis eis zōēn* des Verfolgers leugnen. Ob er an eine Auferstehung zum Gericht denkt, wie die betonte Formel „Auferstehung ins Leben" vielleicht nahelegt, ist nicht zu entscheiden. Dem Autor geht es nur um die gerechte Strafe der Sünder: diese aber sieht 2 Makk 9 (der Tod des Antiochus) schon auf Erden erfüllt. Anderseits legt 6,26 das Weiter-leben nach dem Tode auch des Sünders nahe (cf. 12,43-45). Das Geschick des Sünders aber interessiert weiter nicht; nur die Gewißheit seiner Bestrafung ist wichtig. Genausowenig ist ausgesagt, ob alle Israeliten aufer-stehen werden oder nur die, die für den Glauben gestorben sind (dazu zählen auch die Gefallenen von 2 Makk 12). Die Formulierung der Martyrer-reden mit ihrer katechetischen Ausrichtung macht wahrscheinlich, daß die Hoffnung für ganz Israel gilt, für alle Gerechten. Die Auferstehungs-lehre von 2 Makk ist also schon sehr entwickelt, aber allem Anschein nach nicht allgemeine Auferstehung und auch nicht die Auferstehung des mate-riell identischen Leibes, sondern die leibliche Auferstehung der Gerechten zu einem neuen Leben auf Erden.

---

[51] Trotz G. WIED, Der Auferstehungsglaube 106, nach dem das Vergeltungsgesetz in 2Makk nur die Feinde, nicht aber die jüdische Gemeinde betrifft!

II. KAPITEL:

1 Henoch

1) Einleitung: [1]

Nach 2 Makk kommen wir mit 1 Henoch in eine ganz andere Literatur-
gattung. Bekanntlich besteht das äthiopische Henochbuch aus verschiedenen
Teilen, die aus verschiedenen Zeiten und von verschiedenen Autoren stammen und auch selbst wieder Quellen verarbeitet haben. Miteinander verbunden sind diese Stücke der Henochliteratur durch die Zuschreibung an
den Vorvater Henoch und ein trotz aller Verschiedenheiten im wesentlichen
doch gemeinsames Weltbild.

Ursprünglich war das Buch hebräisch oder aramäisch geschrieben,[2]
vielleicht auch teils — teils,[3] ist aber nur in der äthiopischen Übersetzung
einer griechischen Version vollständig erhalten. Daneben gibt es Teile des
griechischen Textes in zwei Rezensionen: der vom Äthiopischen stark ab-
weichende Text des Synkellos (Gˢ nach CHARLES) und der Text aus der
Nekropole von Akhmim (jetzt im Gizeh-Museum von Kairo, daher bei
CHARLES Gᵍ), der im wesentlichen mit dem äthiopischen Text übereinstimmt.
Nach R.H. CHARLES stammen beide von der ursprünglichen griechischen
Übersetzung des semitischen Textes.[4] In den dreißiger Jahren ist noch der
griechische Text der letzten Kapitel hinzugekommen, ein Papyrus, der teils
der A. Chester-Beatty-Sammlung, teils der Universität von Michigan gehört
und von C. BONNER herausgegeben wurde.[5]

---

[1] Wir folgen dem Text in den Übersetzungen von A. DILLMANN, G. BEER (in KAUTZSCH
II), R.H. CHARLES. Für den Originaltext gibt es die Ausgabe von R.H. CHARLES, The
Ethiopic Version of the Book of Enoch, edited from 23 MSS, Oxford 1906; eine neue
kritische Ausgabe durch E. ULLENDORFF ist in Vorbereitung. Eine neuhebräische Übersetzung bietet A. KAHANA, Hasfarim I.

[2] Cf. G. BEER, KAUTZSCH II 217 Anm.h; A. KAHANA, Hasfarim I 21; A.M. DENIS, In-
troduction 26. M. GIL, Enoch in the Land of Eternal Life 336, möchte hingegen aus einem
Vergleich der Qumran-Fragmente von Henoch mit dem äthiopischen und griechischen
Text auf Griechisch als Originalspache schließen und auf eine christliche Sekte als
Ursprungsmilieu, kommt also damit auf die Theorie von F. PHILIPPI von 1868 zurück.

[3] So z.B. R.H. CHARLES, The Book of Enoch LVII: Kapitel 6-36 sind nach ihm
ursprünglich aramäisch geschrieben, der Rest hebräisch. Ebenso F. ZIMMERMANN, The
Bilingual Character of I Enoch, JBL 60 (1941) 159-172: nach ihm war aber auch 90,13-97
aramäisch.

[4] R.H. CHARLES, The Book of Enoch XIV-XIX; ebenso G. BEER l.c. 219f.

[5] C. BONNER, The Last Chapters of Enoch in Greek, London 1937. Jetzt auch M. BLACK,
Apocalypsis Henochi Graece. Edited with an introduction and apparatus criticus,
Leiden 1970.

Von Qumran sind kleinere aramäische und hebräische Fragmente aller
Teile von 1 Henoch mit Ausnahme der Bilderreden (Kap. 37 - 71) bekannt
geworden.[6] Diese Qumran-Fragmente bestätigen, was bei dieser Textüber-
lieferung nicht anders zu erwarten war, daß das Buch im Laufe der Überlieferung und Übersetzungen große Textverderbnisse, Erweiterungen, Fehl-
übersetzungen usw. erfahren hat.[7] Es ist allerdings anzunehmen, daß in
Qumran noch nicht die Endredaktion des ganzen Buches vorlag.

Die Kritiker sind sich in der Abgrenzung der großen Teile der Sammlung
einig:[8] 1 - 36, davon 1 - 5 ziemlich selbständig als Einleitung zum Ganzen;
6 - 36 bezeichnet G. BEER als angelologisches Buch. 37 - 71 die Bilderreden.
72 - 82 das astronomische Buch. 83 - 90 das Buch der Visionen. 91 - 104 die
Mahnreden oder Paränesen. Die ganze Sammlung ist von noachischen
Fragmenten durchsetzt, und zwar nach R.H. CHARLES:[9] 6 - 11; 54 - 55,2; 60;
65 - 69,25; 106 - 107. Kapitel 105 ist ein selbständiges Stück und 108 ein
späterer Anhang (beide Kapitel fehlen im Beatty-Michigan-Papyrus).[10]

Die Kapitel 1 - 36 und 72 - 104 sind einander sehr nahe, wenn auch die
Zuschreibung beider Teile an einen gemeinsamen Autor (nach G. BEER
ziemlich allgemeiner Konsensus)[11] recht fragwürdig ist. 37 - 71 ist der
jüngste Teil; sein Verfasser mag vielleicht der Kompilator des Gesamt-
werkes sein (doch wohl noch ohne Kapitel 108, wahrscheinlich auch
ohne 105).

Die Datierung der einzelnen Stücke ist schwierig; ihre Entstehungszeit
dehnt sich über zwei Jahrhunderte. CHARLES[12] gibt als Daten an: die
noachischen Teile vor 161 v.Chr.; 6 - 36 vor 170 v.Chr.; 83 - 90 vor 161 v.Chr.;
72 - 82 vor ca. 110 v.Chr.; 91 - 104 entweder 95 - 79 v.Chr. oder 70 - 64 v.Chr.;
37 - 71 ebenso. Die Abweichungen der einzelnen Autoren sind im allgemeinen
für unsere Zwecke unbedeutend;[13] nur die Bilderreden sind jedenfalls

---

[6] Vgl. dazu J.T. MILIK, The Dead Sea Scrolls Fragment of the Book of Enoch, Bi 32
(1951) 393-400; idem, Hénoch au Pays des Aromates (ch. XXVII à XXXII). Fragments
araméens de la Grotte 4 de Qumran, RB 65 (1958) 70-77; M. GIL, Enoch in the Land of
Eternal Life, gibt 323-330 die Texte in Synopse mit dem äthiopischen und dem griechischen Text (gegen MILIKS Interpretation). Kurze Zusammenfassung über 1Henoch in
Qumran bei A.M. DENIS, Introduction 24 f und M. BLACK, Apocalypsis Henochi Graece 6f.

[7] P. GRELOT, La géographie mythique d'Hénoch et ses sources orientales. Zum
Verhältnis des äthiopischen zum griechischen Text siehe auch C. BONNER, The Last
Chapters of Enoch in Greek 20-24. Ebenso M. GIL, Enoch in the Land of Eternal Life.

[8] Cf. G. BEER, l.c. 220-230; R.H. CHARLES, The Book of Enoch XLVI-LII; E. SCHÜRER III
270-272; G.F. MOORE, Judaism II 281f; A.M. DENIS, Introduction 16f.

[9] R.H. CHARLES, The Book of Enoch XLVII.

[10] C. BONNER, The Last Chapters of Enoch in Greek 4: „Neither 105 nor 108 was
ever a part of this text".

[11] G. BEER in KAUTZSCH II 224. Er selbst ist zu Recht für eine weitere Aufspaltung
auf mehrere Quellen. Ganz allein steht A. KAHANA, Hasfarim I 24f, nach dem das ganze
Buch von einem einzigen Autor stammt.

[12] R.H. CHARLES, The Book of Enoch LII-LIV. H.H. ROWLEY, The Relevance of
Apocalyptic, London 1944, 75-85, kritisiert die Datierung von CHARLES. Nach ihm ist
auch 6-36 nicht früher als das Buch Daniel.

[13] Siehe G. BEER l.c. 230-232; BOUSSET-GRESSMANN 12f; J.B. FREY, SDB I 364-368; A.M.
DENIS, Introduction 26f, sowie L. ROST, Einleitung 103 - 105 zu verschiedenen Datierungen.

später anzusetzen. Da sie in Qumran anscheinend unbekannt waren (das Ergebnis ist noch vorläufig), scheint eine nachchristliche Datierung möglich und sogar wahrscheinlich; man könnte diese Kapitel in die Zeit von 2Bar, 4Esra und LAB ansetzen, also ca. 80 - 100 n.Chr. Für eine solche Datierung spricht auch die Auferstehungsformel von 1Hen 51,1, die mit denen von 2Bar, 4Esra und LAB verwandt ist. Doch dürfte der rein jüdische Ursprung von 37 - 71 außer Zweifel sein.[14]

Das Buch als ganzes ist jüdischer Herkunft und gehört dem palästinischen Judentum an.[15] Das wird sich besonders in der Anthropologie erweisen. Doch ist 1Henoch durchaus nicht frei von hellenistischen Einflüssen: die Entstehungszeit läßt ja nichts anderes erwarten; wie wir im vorigen Kapitel sagten, haben die Makkabäer den Hellenismus zwar bekämpft, ihm aber doch wieder in gewissem Sinn den Weg bereitet. T.F. GLASSON[16] hat eine Fülle von Kontakten der griechischen Gedankenwelt mit der von 1Henoch aufgezeigt. Es muß keine direkte Abhängigkeit bestehen, doch hat der Kontakt mit dieser neuen Welt des Hellenismus sicher die jüdischen Schriftsteller sich ihrer Erbes bewußt werden lassen, wo es dem anderen Weltbild so ähnlich war: das gilt besonders für die Darstellung der Unterwelt, des Paradieses, der ganzen mythischen Geographie.[17] Sogar in der Entwicklung des Auferstehungsgedankens können hellenistische Vorstellungen zumindest als Ferment mitgespielt haben (man denke an die entwickeltere Anthropologie oder an gewisse Reinkarnationsvorstellungen).

2) Zur Anthropologie von 1Henoch:

P. GRELOT warnt,[18] daß man sich bei einer Untersuchung der Anthropologie von 1Henoch nicht auf den äthiopischen Text verlassen kann, sondern nach Möglichkeit den griechischen Text beiziehen muß. Das erweist sich vor

---

[14] So z.B. M. BLACK, The Eschatology of the Similitudes of Enoch, JTS 3 (1952) 1-10, p. 1f. Anders P. GRELOT, La géographie mythique d'Hénoch 35 Anm.2: das Fehlen von 37 - 71 in Qumran „donne un appui sérieux à l'hypothèse d'une origine chrétienne". G.H. THOMPSON, The Son of Man: The Evidence of the Dead Sea Scrolls, ExpT 72 (1961) 125, wieder betont, die Abwesenheit in Qumran sei kein entscheidendes Moment; die Bilderreden seien jüdischen Ursprungs und stammen aus dem ersten Jahrhundert n.Chr. oder früher. Noch vor Bekanntwerden der Qumranfunde hat E. SJÖBERG, Der Menschensohn 39, die Bilderreden auf spätestens 70 n.Chr. datiert. Nach ihm kann man die Bilderreden völlig aus jüdischen Voraussetzungen erklären, keine spezifisch christlichen Züge seien festzustellen (p. 23).
[15] A. DILLMANN, Das Buch Henoch LI, LIII, dachte schon an einen palästinischen Verfasser; nach G. BEER 242 stammt die Henochsammlung aus dem Norden Palästinas; dasselbe hält J.B. FREY, SDB I 368, für wahrscheinlich; cf. auch E. SCHÜRER III 281.
[16] T.F. GLASSON, Greek Influence in Jewish Eschatology.
[17] P. GRELOT, La géographie mythique 39, betont zwar die verschiedenen griechischen Parallelen, glaubt diese aber auf einen gemeinsamen Hintergrund zurückführen zu können: „L'hypothèse d'une dépendance à l'égard de certains courants grecs n'est donc pas à retenir" (p. 68).
[18] P. GRELOT, L'eschatologie des Esséniens et le livre d'Hénoch 117.

allem darin, daß der Äthiopier nicht einheitlich *pneuma* und *psychē* übersetzt; dagegen darf man wohl annehmen, daß im griechischen Text *pneuma*
regelmäßig *ruach*, *psychē* hingegen *nefesch* wiedergibt, da auch die LXX
darin sehr konstant ist. Trotz dieser grundlegenden Schwierigkeit, die
ursprüngliche Terminologie zu kennen, steht die Eigenart der Anthropologie von 1Henoch als semitisch fest und das gilt für alle Teile.[19]

a) *Der Leib:*

Die semitische Mentalität zeigt sich in der Verwendung des Begriffes
Fleisch (*schga* im Äthiopischen entspricht dem hebräischen *basar*, bezeichnet also das Fleisch genauso wie den Leib selbst). Wir ziehen die
Stellen heran, wo der griechische Text *sarx* liest, sowie verwandte Stellen,
wo das Griechische fehlt. „Fleisch" bezeichnet den Menschen ganz allgemein,
besonders in seiner Sündhaftigkeit und Vergänglichkeit, aber auch den
Menschen im Unterschied zum Engel. „Kein Fleisch" kann die göttliche
Majestät sehen (14,21); man könnte statt „Fleisch" sagen: „Mensch", ohne
jeglichen Gedanken einer sittlichen Wertung (A. DILLMANN übersetzt mit
„Sterblicher"), wie auch in 84,1, wo Henoch Gott mit der Fleischeszunge
preist (cf. 14,2), die Gott den Kindern des Menschenfleisches gemacht
hat (cf. auch 81,2).

Der Mensch im Unterschied zu den Engeln heißt „Fleisch" in 14,21
und 61,12, sowie auch in 15,8 und 106,17, wo von der Zeugung der Giganten
die Rede ist: die Engel zeugten mit den Menschentöchtern Riesen „nicht
dem Geiste, sondern dem Fleische nach" (106,17); man kann auch sagen:
nicht nach Engel-, sondern nach Menschenart. Wie 15,4 zeigt, sind diese
Kinder der Engel, da *en haimati sarkos* gezeugt (parallel dazu: das „Blut
der Frauen" und „Blut der Menschen":[20] *sarx* ist also auch hier einfach
der Mensch), „Fleisch und Blut", wie die Kinder derer, „die sterblich und
vergänglich sind".

Der Gedanke der Vergänglichkeit findet sich auch in 17,6: Henoch
kommt auf seiner Reise zur großen Finsternis, „wohin alles Fleisch geht"
(so A. DILLMANN und G. BEER nach dem äthiopischen Text, während
R.H. CHARLES G[g] vorzieht: „wohin kein Fleisch geht"). 108,11 tröstet jene,
die in ihrem Fleische nicht belohnt wurden, d.h. in ihrer vergänglichen
irdischen Existenz. Cf. auch 102,5, wo der griechische Text *tō sōmati tēs
sarkos hymōn* liest.[21]

---

[19] P. GRELOT, l.c. 116.
[20] R.H. CHARLES zur Stelle schlägt statt „Blut der Menschen" als Konjektur vor
„Kinder der Menschen"; dieser Teil des Verses ist überhaupt zweifelhaft.
[21] Der Ausdruck *sōma tēs sarkos* kommt sonst nur noch in LXX Sir 23,17 sowie in
Kol 1,22; 2,11 und in Qumran vor: 1QpHab 9,2 „sie verübten Racheakte an seinem
Fleischesleib" (*bigwijat b°saro*). Zum Ausdruck siehe J. JEREMIAS, Beobachtungen zu
neutestamentlichen Stellen an Hand des neugefundenen griechischen Henoch-Textes,
ZNW 38 (1939) 115-124, pp. 122f, sowie M. PHILONENKO, Sur l'expression „corps de chair"

Das Fleisch ist aber nicht nur vergänglich, sondern auch zur Sünde geneigt, bezeichnet den Menschen als Sünder: 84,4.6 das Fleisch der Sünder, das Gott zerstört (cf. 1,9; 84,5). „Kein Fleisch ist vor dem Herrn gerecht" (81,5). Doch bedeutet das keine grundsätzliche Abwertung der fleischlichen Existenz des Menschen: 84,6 setzt dem Fleisch der Sünder das Fleisch der Gerechtigkeit gegenüber.

Die Verwendung des Begriffes stimmt so mit dem des AT vollkommen überein: Fleisch ist der Mensch als irdischer, vergänglicher, sündiger, im Gegensatz zur göttlichen Welt, im Unterschied zu den Engeln. Gerade die Gegenüberstellung von Fleisch und Geist in 106,17 zeigt, daß 1Henoch keinen philosophischen Dualismus kennt: das Fleisch ist nicht der niedere Teil des Menschen, sondern der ganze Mensch in seiner Menschlichkeit ist Fleisch.

Nun zu einigen Stellen, die die Auffassung vom Leib im eigentlichen Sinn ausdrücken. 71,11 schildert die Reaktion des Henoch auf seiner Himmelfahrt, wenn er den „Betagten" sieht: „Da fiel ich auf mein Angesicht, mein ganzer Leib schmolz zusammen, und mein Geist verwandelte sich". Daß wir hier keinen Leib-Geist-Gegensatz herauslesen dürfen, zeigt 60,3, wo Henoch wieder vor dem Betagten steht: „Da erfaßt mich ein gewaltiges Zittern. Furcht ergriff mich, meine Lenden gaben nach und meine Nieren schmolzen dahin und ich fiel auf mein Angesicht". G. BEER übersetzt sinngemäß richtig statt „Nieren" „mein ganzes Ich".

Beide Stellen drücken die Totalreaktion des Henoch aus: Leib wie Geist, Lenden wie Nieren besagen das ganze Ich unter je verschiedenem Aspekt, wie auch Herz und Nieren in 68,3; „Wessen Herz würde nicht darüber erweichen und wessen Nieren nicht beunruhigt werden?" (cf. 98,7 Geist und Herz parallel; 39,8 ich-mein Geist parallel; 63,10 bedeutet „unsere Seelen" „wir"). Die Grenze von Leib und Geist, von Leib und Seele verschwimmt wie im hebräischen AT; der Leib kann genauso für den ganzen Menschen stehen wie die Seele (cf. 99,14 Seele als Personalpronomen verwendet). Soweit läßt sich also kein Leib-Seele-Dualismus feststellen. Der Mensch als ganzer ist leiblich, wie er auch als ganzer Mensch Fleisch ist.

Einige Stellen scheinen aber einen solchen Dualismus zu bezeugen. 102,5 heißt es: „Trauert nicht, wenn eure Seele in großer Trübsal... in die Unterwelt hinabfährt, und euer (Fleisches) Leib zu euren Lebzeiten nicht erlangte, was eurem Wert entsprach". Die Seele und der Leib sind hier nicht als zwei Komponenten des Menschen gesehen, die sich beim Tode trennen, sondern als jeweils der ganze Mensch, der lebende und der tote. Wenn auch die Bezeichnung der Toten „Seele" ist, während beim noch Lebenden der Fleischesleib betont ist, so ist damit zwar ein Wesensunterschied zwischen Lebenden und Toten ausgesagt, aber (wie wir gleich sehen werden) trotzdem der Tote nicht als vollkommen unleibliche, rein geistige Seele

dans le Commentaire d'Habacuc, Sem 5 (1955) 39-40, der *tō sōmati tēs sarkos hymōn* als mechanische Übersetzung eines hebräischen Originals bezeichnet.

betrachtet: auch der Tote, die „Seele" ist noch leiblich, wenn auch in unendlich verringerter Weise. Auch hier ist die AT-Auffassung gewahrt.

1Hen 67 erklärt die heißen Schwefelquellen, wie sie in der Gegend des Toten Meeres bekannt waren, damit, daß dort die unterirdischen Wasser mit dem Feuer des Tales zusammenkommen, wo die gefallenen Engel ihre Strafe erleiden. „Jene Wasser aber werden in jenen Tagen den Königen... zur Heilung (der *Seele* und) des *Leibes* und zur Bestrafung des *Geistes* dienen; nun ist ihr *Geist* voll Wohllust, damit sie an ihrem *Leibe* bestraft werden. Denn sie haben den Herrn der Geister verleugnet... In demselben Verhältnis, als das Brennen ihres *Leibes* zunimmt, wird eine Veränderung des *Geistes* in ihnen vorgehen von Ewigkeit zu Ewigkeit... Denn das Gericht wird über sie kommen, weil sie an die Wohllust ihres *Leibes* glauben und den *Geist* des Herrn verleugnen... Weil diese Wasser des Gerichts zur Heilung des *Leibes* der Könige und zur Lust ihres *Leibes* dienen, wollen sie nicht sehen und glauben, daß sich jene Wasser verändern und zu einem ewig lodernden Feuer werden" (67,8-13).

Die betonte Gegenüberstellung von Geist und Leib in diesem noachitischen Text fällt auf. Man wird diesen Text am ehesten so deuten müssen: die Quellen, wo die Großen dieser Welt Heilung des Körpers suchen, sollten sie daran erinnern, daß darunter das Feuertal ist, die Strafstätte des Geistes, des Toten. Sie (=ihr Geist) streben nach Wohllust: doch Folge dieses Wohllebens ist die Krankheit, die Bestrafung ihres Leibes dafür, daß sie in ihrem Verhalten Gott geleugnet haben (wegen des häufigen Gebrauches des Titels „Herr der Geister" in den Bilderreden ist nicht sicher, ob hier Geist im Gegensatz zu Leib stehen soll). Wegen ihrer körperlichen Leiden werden sich die Könige besinnen [22], wenn sie an sich das Gericht dafür erfahren, daß sie der Wohllust ihres Körpers nachgingen, ohne an Gott zu denken.[23] Jetzt kommen sie zu den Quellen zur Heilung und Lust ihres Körpers; aber sie sollten daran denken, daß sich diese Wasser zu Flammen des Gerichtes verwandeln werden.

Wir haben uns bemüht, den Text so auszulegen, daß man nicht ständig zwischen irdischem Leben und Gehenna hin und her wechseln muß. Nur die erste Erwähnung des Geistes dürfte sich auf den Toten in der Scheol beziehen, im Anschluß an die vorgenannte Bestrafung der Engel (oder sollte man hier „Geist" von den vorerwähnten Engeln verstehen?). Eine klare Auslegung des Textes scheitert vor allem an der Unkenntnis des hebräisch-aramäischen Originals, ob *manfas* hier immer *pneuma/ruach* oder auch *psychē/nefesch* wiedergibt. Auch ist nicht sicher, ob nicht der äthiopische Text hier schon etwas verwirrt ist. Somit ist auch eine genaue Beurteilung der hier vorausgesetzten Anthropologie unmöglich. Eine dualistische Deutung ist zwar nicht notwendig (unsere Deutung setzt keinen Dualismus

---

[22] „Auf ewig" könnte auf das Jenseits deuten; doch was soll dort die Veränderung des Geistes?

[23] G. BEER nimmt an, daß der Text „Geist des Herrn", ein in 1Henoch einmaliger Ausdruck, vielleicht richtiger wie sonst „Herr der Geister" zu lesen ist.

voraus), ist aber bei der betonten und wiederholten Gegenüberstellung von Leib und Geist auch nicht auszuschließen. Fraglich bleibt, wieweit dieser betonte Kontrast auf das Konto des äthiopischen Übersetzers geht (durch die einheitliche Verwendung von *manfas*; steht hinter *schga sarx* oder *sōma*?). Eine letzte Entscheidung ist nicht möglich.

1Hen 108 gehörte, wie schon gesagt, ursprünglich nicht zur Sammlung. Man hat verschiedentlich den essenischen Charakter dieses Kapitels betont,[24] das das Schicksal der Sünder und der Gerechten nach dem Tode beschreibt. Die Engel lesen im Himmel von ihrem Geschick, von den Sündern und „den Geistern der Demütigen; derer, die ihre Körper kasteiten und von Gott belohnt wurden... die Gott lieb hatten, weder Gold noch Silber noch irgendein Gut in der Welt liebten, sondern ihre Körper der Qual preisgaben; die, seit sie ins Leben traten, nicht nach irdischer Speise verlangten, sondern ihren Leib[25] für vergänglichen Hauch hielten und danach lebten. Der Herr prüfte sie vielfach; ihre Geister aber wurden rein befunden... Er hat ihnen Lohn (dafür) bestimmt, weil sie als solche erfunden wurden, die den Himmel mehr als ihr Leben in der Welt liebten..." (108,7-10).

Der ganze Abschnitt zeugt von einer aszetischen Haltung, wie sie wohl bei christlichen Hagiographen üblich, aber in 1Henoch sonst kaum zu finden ist.[26] Man könnte zum Vergleich den schon zitierten Text 102,5 beiziehen wie auch 48,7, wo es von den Gerechten heißt, daß „sie diese Welt der Ungerechtigkeit gehaßt und verachtet und alle ihre Taten und Wege im Namen des Herrn der Geister gehaßt haben". Nicht die Welt an sich, sondern insofern sie Ungerechtigkeit vertritt, gottlos ist, ist Gegenstand des Hasses. Die Mentalität ist ganz die von Qumran (cf. auch 1Joh 2,15f).

Aber es ist zu beachten, daß der kasteite, der Qual preisgegebene und für vergänglich gehaltene Körper nicht der Seele, dem Geist gegenübergestellt wird, sondern der himmlischen Welt: sie „liebten den Himmel mehr als ihr Leben in der Welt". Die Varianten in 108,9, daß sie „ihre Körper", „sich selbst", „alles" für vergänglichen Hauch hielten, und die R.H. CHARLES so unverständlich sind, kann man wohl mit der Annahme von *beṣaram* oder *ᶜatzmam* im Originaltext erklären; „alles" wäre dann eine bewußte Änderung im Sinn von etwa 48,7. Der „Leib" könnte im ganzen Text das ganze Ich vertreten, betrachtet in seiner irdisch-körperlichen Gebundenheit, und nicht den Gegensatz Leib-Seele oder eine Abwertung des Leibes bedeuten.

---

[24] R.H. CHARLES, The Book of Enoch, zur Stelle. Ebenso schon A. DILLMANN LIV.

[25] So G. BEER. Mehrere MSS lesen „sich selbst": so A. DILLMANN 330. CHARLES zieht vor zu lesen: „everything" (MS u), die anderen Lesarten seien nicht passend (zu „sich selbst" vergleiche aber Jak 4,14; doch würde das mehr für Sünder passen). „How the various readings in the text arose I cannot explain". F. ZIMMERMANN, The Bilingual Character 171, denkt an *nafscham* als hebräisches Original.

[26] Doch verweist mich W.D. DAVIES auf aszetische Tendenzen im palästinischen Judentum besonders nach 70 n.Chr. Siehe dazu A. BÜCHLER, Types of Jewish-Palestinian Piety, London 1922.

Trotzdem muß man zugeben, daß hier die Einstellung zum Leib, zum irdischen Leben nicht mehr problemlos ist: griechisch-hellenistische Einflüsse können sehr wohl die weltabgewandte Haltung des Autors von 1Hen 108 bestimmt haben, die so stark an das Lob der Glaubenden in Hebr 11 erinnert. Doch steht 1Hen 108 ziemlich allein da in der Anthropologie von 1 Henoch. Wird auch hier die Einstellung zum Körper, besser: zum Leben im Leibe, zum Leben in dieser Welt äußerst kritisch, im allgemeinen ist 1Henoch doch weltzugewandt wie praktisch das ganze AT!

b) *Die Toten:*

Die Darstellung der Toten in 1Henoch ist schwankend; manchmal ist von den Seelen, dann wieder von den Geistern der Toten die Rede.[27] Doch trotz der Unsicherheit im Vokabular (wieweit ist sie auf den äthiopischen Übersetzer zurückzuführen?) scheint die Auffassung ziemlich einheitlich und praktisch gleich wie im AT zu sein.

In den noachitischen Fragmenten ist 9,3.10 von den „Seelen" (*psychai*; G[s] schreibt 9,3 *ta pneumata kai hai psychai*, v. 10 *ta pneumata tōn psychōn*) der Verstorbenen die Rede, deren Klage zu den Pforten des Himmels dringt. In 1Hen 22 ist dasselbe von den Geistern der Toten ausgesagt; nach 47,1 steigt das Blut der Gerechten vor den Herrn der Geister. Die Vorstellung entspricht der vom Blute Abels, das zum Himmel schreit (cf. 22,7). 10,15 soll Gabriel die „Geister" der Verworfenen und die Söhne der Wächter vernichten. Ebenso verwendet 67,8 „Geist", falls man den Ausdruck dort wirklich auf die Toten deuten darf.[28] Die Toten haben wohl auch eine gewisse Leiblichkeit, auch wenn von den Geistern statt von den Seelen die Rede ist: darauf verweisen die Vorstellung von der Stimme der Toten, die Beschreibung der Bestrafung der Engel in 1Hen 9 (die Toten teilen ja ihr Geschick) wie auch die materielle Darstellung des Strafortes in Kapitel 67.

Deutlicher ist die Beschreibung der Reisen des Henoch, auf denen ihn Raphael, *ho epi tōn pneumatōn tōn anthrōpōn* (20,3), durch die Scheol führt. Diese ist ein hohes felsiges Gebirge im Westen mit vier [29] tiefen und sehr glatten Höhlungen. Raphael erklärt dem Henoch, daß diese Hohlräume für die *pneumata tōn psychōn tōn nekrōn* bestimmt sind (cf. 16,1 *ta pneumata ta ekporeuomena apo tēs psychēs autōn*, d.h. der erschlagenen Giganten), zur Versammlung aller Seelen (*psychai*) der Menschen (22,3). 22,5f hört Henoch die Stimme eines Geistes eines Verstorbenen klagen und Raphael erklärt ihm 22,7, daß dies der Geist Abels sei. Auch sonst ver-

---

[27] Für das Folgende siehe P. GRELOT, L'eschatologie.
[28] P. GRELOT, L'eschatologie 117, spricht nicht von dieser Stelle, scheint sie also nicht auf die Toten zu deuten.
[29] Die Frage, ob es vier Abteilungen sind oder drei, berührt uns hier nicht. Cf. dazu R.H. CHARLES, Eschatology 217 (drei); T.F. GLASSON, Greek Influence 15f, STRACK-BILLER-BECK IV 1019, sowie D.S. RUSSELL, The Method and Message 364 (vier).

wendet 1Hen 22 immer „Geist" für die Toten (22,9.11.13), aber scheinbar ohne Unterschied zu „Seele": es geht um die Person in ihrer Ganzheit.

Man kann also mit P. GRELOT sagen: „Une pensée peu experte aux analyses abstraites cherche donc, avec bien de tâtonnements, à prolonger les données de l'anthropologie biblique pour rendre compte de la survie humaine".[30] Doch muß man hervorheben, daß diese Vorstellung den Toten leiblich sieht, ob sie ihn nun als „Seele" oder „Geist" bezeichnet. Deshalb ist auch der Aufenthaltsort der Toten räumlich, materiell, in Felsen gehauen, mit einer hellen Quelle für die Abteilung der Gerechten.[31] Daß die Hohlräume glatt sind, hat den Zweck, daß die Totengeister nicht herausklettern können (Modell für die Vorstellung sind die manchmal als Gefängnis verwendeten Zisternen): das setzt aber eine leibliche Beschränkung der Bewegungsfreiheit voraus.

Die Mahnreden (91-104) sprechen ebenfalls, wenn man dem äthiopischen Text folgt, gewöhnlich von den „Geistern" der Toten (98,3.10; 102,11; 103,3.4.8.9), selten von den „Seelen" (102,4.5; 103,7). Der griechische Text hingegen bezeugt in 102,11 *psychē* statt des äthiopischen *manfas*, ebenso in 103,3 (im MS nur *ps* lesbar) und 103,8. In 98,3.10 und 103,4 fehlt der griechische Text, wobei man allerdings in 103,4 die Auslassung als Homoioteleuton erklären kann: C. BONNER ergänzt *pneumata*:[32] das wäre die einzige Bezeugung für die „Geister" der Toten (in 98,3 wäre es auch möglich). Was immer auch die richtige Lesart ist, die Toten sind leiblich gedacht: ihr Strafort ist der Feuerofen (98,3; cf. 102,1), sie sehen nicht mehr das Licht (102,8); Finsternis, Ketten (griechischer Text: Mühsal) und lodernde Flammen sind das Los der toten Sünder (103,8). Doch muß man zugeben, daß für sich genommen diese Ausdrücke alle rein bildlich sein können: entscheidend für ihre Auslegung ist, daß in ganz 1Henoch eine Auffassung vom Menschen und vom Toten sichtbar ist, die ihn nicht rein geistig, unleiblich denken kann.[33]

1Hen 108 spricht immer vom Geist der Toten. Dieses einheitliche Vokabular kann vom äthiopischen Übersetzer sein,[34] oder auch der besonderen Haltung dieser Kapitel entsprechen (siehe oben). Doch trotz der aszetischen und zumindest scheinbar den Leib abwertenden Haltung des Kapitels sind die „Geister" wohl auch wieder leiblich vorgestellt, obwohl die ganze Darstellung bedeutend zurückhaltender ist. Die Geister der Sünder „werden Klage erheben an einem unermeßlichen, öden Ort, und im Feuer werden sie brennen, wo keine Erde ist. Ich sah dort etwas wie

---

[30] P. GRELOT, L'eschatologie 118.

[31] Auch K. SCHUBERT, Auferstehungslehre 193, nimmt die Quelle als Argument für die körperliche Auffassung der Toten.

[32] P. GRELOT, L'eschatologie 118, hält auch *psychē* für möglich.

[33] K. SCHUBERT, Auferstehungslehre 198: „Wie Jubil 23,31 dürften aber auch die Paränesen mit einem Vergehen des konkreten Fleischesleibes nach dem Tode gerechnet haben. Der Verlust des Leibes bedeutete aber auch hier nicht zugleich einen Verlust der körperhaften Komponente des Seelenbegriffs".

[34] P. GRELOT, L'eschatologie 119.

eine unermeßliche Wolke [35] — denn wegen ihrer Tiefe vermochte ich sie nicht zu überschauen —, und ich sah eine hellbrennende Feuerflamme, und es kreiste dort etwas wie hellscheinende Berge" (108,3-4).

Die konkrete Beschreibung der Hölle ist äußerst einfach, ohne Einzelheiten, und sogar was gesagt wird, ist eingeschränkt durch das zweimalige „etwas wie". Man fühlt, daß der Autor sich der Unzulänglichkeit seiner Sprache und Vorstellung bewußt ist, aber doch nicht anders als in raumhaften Kategorien denken kann.

Somit ist wohl für das ganze erste Henochbuch der Tote nicht reiner Geist, sondern irgendwie leiblich. Das Buch der Mahnreden und 1Hen 108 halten sich zwar in der Beschreibung sehr zurück und zeigen damit, daß das leibhafte Denken des Jenseits eine gewisse Krise erfährt; trotzdem aber behalten auch diese Kapitel im Grunde noch das alte Weltbild bei: es gibt praktisch nur eine leibliche Existenz.

3) Der Leib der Auferstehung:

a) *1Hen 6 - 36:*

Im ältesten Teil von 1Henoch ist kaum Direktes von der Auferstehung zu finden. 20,8 bezeichnet Remiel als den Erzengel, den Gott gesetzt hat *epi tōn anistamenōn.* Dieser Vers fehlt im äthiopischen Text und in einem der beiden griechischen Texte und ist nur in G^{g1} bezeugt. Doch ist dieser Vers als echt zu betrachten, da beide griechischen Texte am Schluß hinzufügen: „Sieben Namen der Erzengel",[36] und Remiel für die Siebenzahl erforderlich ist. Die Abgrenzung der Aufgaben der Erzengel ist nicht sehr genau und konsequent; 1Hen 20 ist Raphael über die Geister der Menschen gestellt, also über alle Toten (cf. 1Hen 22), während Remiel nur über die Toten gestellt ist, die auferstehen werden, und vielleicht auch erst bei der Auferstehung in Funktion tritt. Auch in 4Esra 4,36f ist Remiel mit der Auferstehung verbunden, während er nach einer koptischen Apokalypse sowie nach Sib 2,214-218 die Seelen der Unterwelt bewacht und von dort zum Gericht führt. [37] Die Auferstehung der Toten ist als selbstverständlich vorausgesetzt.

Genaueres über die Auferstehung ist auch 1Hen 22 kaum zu entnehmen. In der wie schon gesagt räumlich-materiell geschilderten Scheol befinden sich die verschiedenen Gruppen der „Geister" der Toten. „Alle Seelen der Menschenkinder" versammeln sich darin bis zum Tage ihres Gerichtes (22,3f). Die Scheol ist also nicht ihr endgültiger Aufenthalt. Über das

---

[35] So übersetzen G. BEER und E. HAMMERSHAIMB. Das paßt im Zusammenhang besser als die von CHARLES bevorzugte, ebenso mögliche Übersetzung „unsichtbare Wolke".

[36] G. BEER läßt den Vers aus; R.H. CHARLES erkennt den Vers in seiner Ausgabe des äthiopischen Textes und in The Book of Enoch als echt an, ebenso E. HAMMERSHAIMB.

[37] Zu Remiel siehe P. BOGAERT I 428-438.

künftige Geschick der toten Gerechten ist weiter nichts gesagt. Sie haben schon in der Scheol eine gewisse Belohnung, da in ihrer Abteilung der helle Wasserquell ist (22,9).[38] Bei den Sündern hingegen unterscheidet der Autor zwischen denen, die zu ihren Lebzeiten nicht bestraft wurden (22,11) und denen, die in den Tagen der Sünder erschlagen wurden. Diese werden am Tage des Gerichtes nicht bestraft, aber auch nicht aus der Scheol herausgenommen (22,13 *oude mē metergethōsin enteuthen*).

Das Kapitel betrachtet also die Auferstehung allein unter dem Gesichtspunkt der Vergeltungslehre. Wer auf Erden schon für seine Sünden bestraft wurde, wird nicht mehr bestraft, aber auch nicht auferstehen.[39] Was mit ihm weiter geschieht, ist nicht gesagt. Aber der Autor denkt wohl an ein unbegrenztes Dasein in der Scheol. Die Sünder hingegen, die im Leben unbestraft blieben, müssen diese demnach zu ihrer Strafe auferstehen?[40]

Das ist nicht unbedingt die Auffassung des Schriftstellers. Jedenfalls ist es unrichtig, wenn man manchmal behauptet, daß nur die ärgsten Sünder nicht auferstehen; denn — einmal vorausgesetzt, daß der Text die Auferstehung der anderen Klasse von Sündern impliziert — wenn Sünder auferstehen, so ist es zu ihrer Bestrafung, also nicht Zeichen, daß sie nicht so schlecht waren wie andere Sünder, die nicht auferstehen.

22,11 ist etwas unklar: Diese Sünder sind in ihrem Abteil abgesondert „für die große Pein bis zum großen Tage des Gerichtes, der Schläge und Qualen, der auf ewig Verfluchten, damit es eine Vergeltung gibt für die Geister. Dort wird er sie auf ewig binden". Nach der Übersetzung von A. DILLMANN: „Hier werden ihre Seelen abgesondert, *in* dieser großen Pein"[41] ist die Abteilung der Sünder schon jetzt Ort der Strafe: so versteht es ja auch Lk 16,24 und auch 1Hen 103,7f, das der Beschreibung von Lk 16 sehr nahe ist.[42] Doch könnte man auch so verstehen, daß die große Pein erst mit dem Tage des Gerichts beginnt.[43] Ihre Bestrafung dauert „ewig": doch ist das vielleicht nicht so genau zu nehmen (10,10 dauert das ewige Leben fünfhundert Jahre).

Besser nimmt man also als Gegensatz zu denen, die nicht auferstehen werden, nicht oder nicht allein die noch unbestraften Sünder von 22,10-12, sondern die Gerechten, die schon jetzt den hellen Wasserquell haben.[44]

---

[38] Trotz G. WIED, Der Auferstehungsglaube 80.83, nach dem Hen 22 nichts von einer im Zwischenzustand beginnenden Vergeltung sagt und auch die Quelle in der Abteilung der Gerechten keinen wesentlichen Unterschied bedeutet.

[39] Zur Diskussion, wer auferstehen wird, cf. in der rabbinischen Literatur besonders Mischna Sanh 10,3 sowie TosSanh 13,3ff (ZUCKERMANDEL 34ff). Weitere Belege bei STRACK-BILLERBECK IV 1178ff.

[40] Nach G. WIED, Der Auferstehungsglaube 83, verlassen alle außer den schon Bestraften ihren Ort.

[41] Ebenso R.H. CHARLES: „Here their spirits shall be set apart *in* this great pain".

[42] Zum Verhältnis von Lukas und 1Henoch siehe besonders S. AALEN, St Luke's Gospel and the Last Chapters of I Enoch, NTS 13 (1966f) 1-13.

[43] Cf. G. BEER und E. HAMMERSHAIMB zur Stelle.

[44] D.S. RUSSELL, The Method and Message 370, sieht hier die Auferstehung der noch unbestraften Sünder, die dann in die Gehenna geworfen werden (1Hen 26f), und der Gerechten.

Sie werden von dort auferweckt. Diese Auffassung würde dem etwas
späteren 2Makk entsprechen, daß nur die Gerechten auferstehen werden.
Doch kann man nichts Sicheres behaupten, da 1Hen 22 nicht sehr klar
und auch nicht in erster Linie an der Auferstehung interessiert ist.

Falls dieser Text eine Auferstehung der Gerechten aussagt (ebenso
20,8), dann ist diese eine Rückkehr zum irdischen Leben, wo sie mit den
Überlebenden ihren Lohn empfangen werden: „sie werden leben, bie sie
tausend Kinder zeugen, und alle Tage ihrer Jugend und ihres Alters werden
sie in Frieden vollenden" (10,17). Auf einer von Sünde gereinigten Erde
werden sie ein gerechtes Leben führen, Gott verehren und anbeten und
an irdischen Gütern Überfluß haben (10,18-22; 25,4-6). Zu ihrem Glück
gehört auch, daß sie die Bestrafung der Sünder sehen „bis in alle Ewigkeit"
(27,3) und in diesen Tagen des Gerichtes Gottes Barmherzigkeit an sich
selbst preisen (27,4).

In dieser Beschreibung der seligen Endzeit ist jedoch keine Andeutung
vorhanden, daß die Auferstandenen daran teilnehmen werden. Der Gedanke
aber, daß wohl die unbestraften Sünder, nicht aber die Gerechten auferstehen werden, wäre so eigenartig und ohne Parallele, daß wir die andere
Lösung vorziehen: die Gerechten stehen auf, um mit den Überlebenden
ihren zeitlich begrenzten Lohn auf einer in Heiligkeit und Gerechtigkeit
umgestalteten Erde zu genießen. Vielleicht stehen auch die unbestraften
Sünder auf, zum Gericht (cf. Dan 12,2). Sollte man in diesem Fall eine
Übersiedlung der Sünder zur Bestrafung in das verfluchte Tal von 27,2
annehmen? Äußerste Vorsicht ist hier am Platz: ein zusammenhängendes
Bild der Endzeit ist 1Hen 1-36 nicht zu entnehmen; wahrscheinlich hat
sich der Autor auch gar nicht um eine Harmonisierung seiner Quellen
und der verschiedenen volkstümlichen Ansichten bemüht.

Einziges sicheres Ergebnis dieses Abschnittes ist somit: es gibt eine
Auferstehung; aber nicht sicher ist, wer aufersteht. Falls die Gerechten auf
die Erde zurückkehren, erlangen sie natürlich auch wieder ihre volle
Leiblichkeit. Doch wäre dies nicht eine radikale Änderung ihres Zustandes,
sondern nur eine graduelle, da ja auch das ganze Jenseits leiblich ist. Trotz
verschiedener Aussagen von ewigem Leben und ewiger Bestrafung ist die
Dauer nicht sicher; der Begriff „ewig" wird wohl nur die lange Dauer
besagen.[45]

b) *1Hen 83 - 90:*

Im Buch der Traumgesichte ist nur eine Stelle, die man auf die Auferstehung gedeutet hat, wobei aber diese Deutung nicht ganz sicher ist.

---

[45] Cf. T.F. GLASSON, Greek Influence in Jewish Eschatology 18. P. GRELOT, L'eschatologie 120f, sieht in 1Hen 22 eher eine „geistige Auferstehung". Die Erwähnung der Auferstehung in 22,13 „ne concerne donc pas la résurrection corporelle", da nach 22,11 eindeutig die Endrache nicht die Körper, sondern die Geister der Verstorbenen betrifft.
Diese Deutung übersieht die Möglichkeit, 22,13 als Gegensatz zu den Gerechten auszulegen, verkennt aber vor allem, daß 1Henoch die Existenz der Toten als leiblich betrachtet.

90,20-37 schildert, wie am Ende der Zeiten Gottes Thron in Palästina aufgestellt wird und der Herr zuerst die gefallenen Engel und auch die verblendeten Schafe richtet. Dann wird das „alte Haus", d.h. das alte Jerusalem entfernt und an seiner Stelle das neue aufgestellt, und alle Schafe gehen in das neue Haus. Das Schwert wird zur Seite gelegt; von nun an sehen alle das Gute. Nun wird „ein weißer Farre mit großen Hörnern geboren", der Messias.

In dieser Darstellung der Endzeit heißt es 90,33: „Alle, die umgebracht und zerstreut worden waren, alle Tiere des Feldes und alle Vögel des Himmels versammelten sich in jenem Hause, und der Herr der Schafe freute sich sehr, weil alle gut waren und in sein Haus zurückkehrten". In 90,38 werden dann alle in weiße Stiere verwandelt, d.h. sie werden stark und heilig (Symbolik der weißen Farbe, des Lichtes!) wie einst Adam und die Patriarchen, die ja auch als weiße Stiere dargestellt waren (cf. 1Hen 85).

R.H. CHARLES sieht in diesem Kapitel die ältere, geistigere (d.h. auf die Gerechten beschränkte) Auffassung der Auferstehung.[46] 90,33 bedeute die Auferstehung der Gerechten zur Teilnahme am Reich. „Our writer holds fast to the original and spiritual view of the resurrection, that the risen life is the organic development of the righteous life on earth. Finally, after the resurrection follows a transformation of all the members of the kingdom into a higher form of life. From this... we naturally conclude their eternal risen life".[47] So scheine hier diese Idee zum ersten Mal im Judentum auf.

G.F. MOORE bezweifelt das Vorhandensein der Auferstehungslehre.[48] Er glaubt, daß der mit „umgebracht, vernichtet" wiedergegebene Ausdruck das hebräische ᵓawad übersetzt [49] und möchte ᵓawad im Parallelismus mit „zerstreut" als „verloren sein" übersetzen. Seine Zweifel beruhen darauf, daß in 1Hen 83 - 90 sonst nie von der Auferstehung die Rede ist und man sich da nicht auf die Übersetzung eines einzelnen Wortes verlassen könne. Das letzte Argument stimmt; die Unsicherheit der Auslegung ist offenkundig, wo wir den Text nur in zweiter Übersetzung vor uns haben. Doch hatte der Autor sonst Gelegenheit, von der Auferstehung zu sprechen? Besser vertraut man sich dem Text als einer Konjektur an.

Aber auch die Auslegung von CHARLES ist nicht unanfechtbar. Vor allem ist seine Terminologie fragwürdig und mißverständlich, wenn er die Auferstehung allein der Gerechten als „geistige Auffassung" ansieht.

---

[46] R.H. CHARLES, Eschatology 221. Von der Auferstehung verstehen den Vers auch A. DILLMANN 286 und BOUSSET-GRESSMANN 270. K. SCHUBERT sieht die Auferstehung schon in 90,29 impliziert (Auferstehungslehre 192).

[47] R.H. CHARLES, Eschatology 223.

[48] G.F. MOORE, Judaism II 300, cf. 300 Anm. 5. Auch P. GRELOT, L'eschatologie 120, sieht hier nicht die Auferstehung der Toten im eigentlichen Sinn, obwohl er an der Deutung des Verses auf die Toten festhält: der Vers besage, daß auch die Martyrer Anteil haben an der eschatologischen Freude; es sei aber nichts gesagt, was mit ihren Körpern geschehe (bildhafte Sprache!).

[49] So übersetzt auch A. KAHANA, Hasfarim I 89.

Abgesehen davon ist aber auch der Schluß, daß das Auferstehungsleben ein ewiges Leben sei, eine Überinterpretation. Vorausgesetzt, daß der äthiopische Text das Original getreu wiedergibt und tatsächlich von den Toten die Rede ist, die nun zusammen mit den Überlebenden im neuen Jerusalem sich sammeln, dann entspricht die Auffassung von 1Hen 90 völlig der von 1 - 36: die Auferstandenen und die noch Lebenden erfreuen sich eines verwandelten, aber nicht deshalb schon transzendenten Lebens in einem neuen Jerusalem. Das neue Haus symbolisiert die neue Zukunft; ein Leben in neuer Kraft, Gerechtigkeit und Heiligkeit ist in 90,38 ausgesagt. Von einer wesentlichen Änderung ist aber nichts gesagts: auch das neue Haus steht dort, wo das alte war; die Auffassung ist also die einer irdischen Seligkeit der Gerechten am Ende der Zeiten, die Wiederherstellung der idealen (und idealisierten) Zeit der Patriarchen. Dieses Leben ist natürlich im Leib, in irdischen Verhältnissen, die jedoch völliges Glück bringen, da volle Gerechtigkeit: von einem transzendenten oder ewigen Leben der Auferstandenen ist nicht die Rede.

c) 1Hen 91 - 104:

Nach R.H. CHARLES lehren diese Kapitel die Auferstehung der Gerechten allein; diese Auferstehung ist nicht im Leibe, sondern eine Auferstehung der Geister allein, für eine selige Unsterblichkeit im ewigen Himmel selbst.[50] Diese Auslegung gilt es nun zu überprüfen. Die Belegstellen für die Auferstehung in den Mahnreden sind 91,10; 92,3f; 103,3f; 104,2.4.6.

1Hen 91 heißt es im Rahmen einer eschatologischen Begründung der Mahnrede des Henoch, daß nach den endzeitlichen Bedrängnissen die Sünder vernichtet, ins Feuer geworfen und in Zorn zugrundegehen werden: „Und der Gerechte wird vom Schlafe auferstehen, und die Weisheit wird auferstehen (selbes Wort!) und ihnen verliehen werden" (91,10). Zwar deutet man den Vers gewöhnlich auf die Totenauferstehung, doch kann man das bezweifeln, da dasselbe Verb von der Weisheit verwendet ist.[51] Es ist wahrscheinlicher, daß der Vers nicht von einer Auferstehung der Toten spricht, sondern zugleich mit dem Aufkommen der Weisheit am Ende auch das Erstarken, die siegreiche Überlegenheit der Gerechten ankündigt. Ihre derzeitige Ohnmacht ist mit dem Bild des Schlafes dargestellt. Mit N. MESSEL ist dann natürlich die Erde als Heilsschauplatz zu betrachten.[52]

Das Bild vom Schlaf scheint auch in 100,5 auf. Wenn der Herr zum Gericht über die Sünder kommt, „wird er über alle Gerechten und Heiligen heilige Engel als Wächter einsetzen, daß sie sie wie einen Augapfel bewachen,

---

[50] R.H. CHARLES, Eschatology 250-253. Cf. A. DILLMANN 320.

[51] Von der Auferstehung der Toten verstehen den Vers A. DILLMANN, R.H. CHARLES, G. BEER und E. HAMMERSHAIMB. Ebenso G. WIED, Der Auferstehungsglaube 73-77. Nach ihm ist die enge Verklammerung von Wiedererwachen und Weisheitsvermittlung beabsichtigt und soll das Auferstehungsverständnis von 1Hen 91ff charakterisieren.

[52] N. MESSEL, Die Einheitlichkeit 24f, 72f gegen P. VOLZ und R.H. CHARLES, nach denen die Wohnung der Seligen im Himmel sein soll.

bis er aller Schlechtigkeit und Sünde ein Ende macht; wenn auch die Gerechten einen langen Schlaf schlafen, haben sie nichts zu fürchten". So der äthiopische Text, nach dem man hier den Todesschlaf sieht.[53]

R.H. CHARLES [54] deutet die Stelle von den gerechten Verstorbenen, die am Ende des messianischen Zwischenreiches auferstehen werden. Er wendet sich gegen die frühere Auslegung: „This verse has always been interpreted of the righteous on earth, but wrongly". Nun scheint aber der griechische Text diese zurückgewiesene Deutung zu stützen: Wenn Gott das Gericht hält über alle, wird er über die Gerechten Engel als Wächter setzen, bis die Bedrängnisse vorüber sind. Und von dann an werden die Gerechten einen süßen Schlaf schlafen und es wird niemand mehr geben, der ihnen Angst macht: *kai ap' ekeinou hypnōsousin hoi eusebeis hypnon hēdyn, (kai) ouk estai ouketi ho ekphobōn autous.*

Wegen seiner Auslegung von 100,5 hat CHARLES dann im nächsten Vers übersetzt: „Dann werden die Kinder der Erde die Weisen in Sicherheit sehen" (und deutet die Weisen auf die toten Gerechten; für diese Übersetzung muß er zu Umstellungen des Textes Zuflucht nehmen). Auch hier bestätigt der griechische Text die früheren Übersetzer wie z.B. G. BEER: „Die Weisen unter den Menschen werden die Wahrheit sehen" (ebenso A. DILLMANN). Das Bild des Schlafes ist hier wohl nichts anderes als Symbol der Sicherheit der Gerechten auf Erden, sobald die Sünde vernichtet ist.

92,3 verwendet denselben Ausdruck wie 91,10: die Gerechten sollen sich nicht verwirren lassen; denn zur vom Heiligen bestimmten Zeit „wird der Gerechte aus dem Schlafe aufstehen, aufstehen und auf dem Pfad der Gerechtigkeit wandern und sein ganzer Weg und Wandel wird in ewiger Güte und Gnade sein". Gegen den Gerechten wird der Herr gnädig sein, ihm Herrschaft verleihen, die Sünde aber wird er auf ewig in Finsternis vernichten (92,4-5).

Wegen der genauen Parallele mit 91,10 könnte man hier dieselbe Auslegung vorschlagen, doch könnte auch die Totenauferstehung gemeint sein. Es ist auch möglich, daß der Autor beides, das Erstarken der Gerechten und die Auferstehung der Gerechten vom Tod gar nicht so scharf unterscheidet wie wir.[55]

Doch ist auch der Text dieser Stelle nicht ganz sicher. Zwar bevorzugt man gewöhnlich den soeben wiedergegebenen Text, doch liest eine andere

---

[53] G. BEER, A. DILLMANN 314f. G. WIED, Der Auferstehungsglaube 60-62, der den griechischen Text nicht beachtet, versteht v. 5a von den noch lebenden Gerechten, v. 5b von den Verstorbenen und sieht daher hier einen Hinweis auf die Auferstehung. Doch ist das Bild des Schlafs nicht unbedingt vom Tod zu verstehen.

[54] R.H. CHARLES, The Book of Enoch 249. S. AALEN, St Luke's Gospel and the Last Chapters of I Enoch 9, versteht 100,5 vom Zwischenzustand.

[55] H.W. KUHN, Enderwartung und gegenwärtiges Heil 55, betont mit G. v. RAD, daß man die Erkenntnis von C. BARTH, daß die Todeswelt im hebräischen Denken in das irdische Leben hereinreicht, dahin ausdehnen muß, daß auch der Himmel schon in dieses Leben hereinreichen kann, so „daß man hier offenbar diesseitiges und jenseitiges Leben gar nicht so streng voneinander geschieden hat, wie wir es von unserem Denken her gewohnt sind".

Textrezension: „Und die Weisheit wird vom Schlaf auferstehen, sie wird auferstehen und die Gerechtigkeit wird wandeln, und ihr ganzer Weg und Wandel wird in ewiger Güte und Gnade sein".[56] Damit wäre vom Gerechten überhaupt nicht die Rede.

Jedenfalls ist auch diese Stelle kein sicherer Beleg für die Auferstehung. Sollte sie aber tatsächlich von der Auferstehung verstanden werden, so ist hier genausowenig wie 91,10 impliziert, daß das Auferstehungsleben im Himmel ist (gegen CHARLES). Auch nach diesem „Auferstehen" ist der Gerechte noch auf der Erde, die aber jetzt von den Götzen und Tempeln der Heiden gereinigt ist (91,9); sein Dasein ist auch jetzt nicht das „ewige Leben", sondern ein Wandel auf den Pfaden der Gerechtigkeit (92,3-4): das Bild des Weges aber beinhaltet die geschichtliche Gebundenheit des Daseins.

Anders steht es in 103,3-4. Henoch tröstet die Gerechten, „daß allerlei Gutes, Freude und Ehre für die Seelen (so der griechische Text; der äthiopische liest „Geister") der in Gerechtigkeit Verstorbenen bereitet und aufgschrieben ist... und daß euer Los besser als das der Lebenden ist (dieses Stück fehlt im Griechischen, sein Ausfall ist aber durch Homoioteleuton zu erklären). Und die Geister von euch, die ihr in Gerechtigkeit sterbt, werden leben und sich freuen, und ihre Geister werden nicht zugrundegehen, sondern ihr Gedächtnis wird vor dem Angesicht des Großen bis in alle Geschlechter der Welt vorhanden sein".

103,5-8 schildert dann die Bestrafung der Sünder in der Scheol,[57] die glaubten, straflos und in Ehren gestorben zu sein. Anscheinend spricht der Text 103,3f nur von der Unsterblichkeit der „Seelen", des „Geistes", ohne aber genauer zu sagen, wo der verstorbene Gerechte dieses Glück erlebt. Das könnte in der Scheol sein (cf. 102,5) oder aber in der Gegenwart Gottes: denn es heißt, das „Gedächtnis" der Gerechten werde vor dem Angesichte des Großen sein; das „Gedächtnis" in biblischen Sinn ist aber viel mehr als reine Erinnerung.[58] Aber will der Autor überhaupt das Überleben der Gerechten im eigentlichen Sinn „beschreiben"? Er will ja ein Mysterium mitteilen (103,2). Darum scheint er das Unbegreifliche zu sagen, das Paradox, daß das Los der verstorbenen Gerechten besser als das der Lebenden ist.

---

[56] Übersetzung von G. WIED, Der Auferstehungsglaube 56. Er zieht diese von Codex G gebotene Lesart als die der älteren Textrezension und als lectio difficilior vor. Indirekt aber sei hier trotzdem von einem Zustand gesprochen, in dem der Tod aufgehoben ist (und der geschichtliche Charakter von v. 2b verlangt, nicht bloß an eine unsterbliche Seele zu denken), insofern die durch die Gerechtigkeit an einen Gerechten verliehene Herrschaft nach v. 4a ewig sein soll (pp. 56-58).

[57] G. WIED, Der Auferstehungsglaube 69f, denkt, daß die Bestrafung nicht in der Scheol erfolgt (da diese für Gerechte und Sünder indifferent sei; siehe dagegen oben Anm.38), sondern beim Gericht.

[58] Zum „Gedächtnis" siehe J. JEREMIAS, Die Abendmahlsworte Jesu, Göttingen [3]1960, 230-240.

Was der Autor aussagt, ist sehr vergeistigt, gilt ja auch von den „Geistern", den „Seelen" der Gerechten. Es wäre aber voreilig, von einer leibfreien, rein geistigen Unsterblichkeit zu reden, besonders da der griechische Text in 103,3 von „Seelen" statt von „Geistern" redet. Wir wissen ja, daß die Seelen der Toten nicht unleiblich vorgestellt sind. Andererseits ist es auch nicht sicher, ob der Autor hier vom Endzustand der Verstorbenen redet oder einen Zwischenzustand im Auge hat, obwohl die erste Möglichkeit wahrscheinlicher ist. Die kritische Einstellung zum Leben in dieser Welt, die asketische Haltung dieser Kapitel scheint auch die Vorstellung der Belohnung der Gerechten nach dem Tode zu beeinflussen.

In 104 tröstet der Autor zuerst die Gerechten damit, daß die Engel im Himmel sie vor Gott im Gedächtnis bewahren. Jetzt zwar bedrängt, „werdet ihr wie Lichter des Himmels leuchten und gesehen werden, und die Fenster (äth.: Tore) des Himmels werden euch geöffnet werden" (104,2). 104,4 fehlt im griechischen Text und könnte entweder durch Versehen ausgelassen oder auch eine Interpolation des Äthiopen sein.[59] Auch sonst divergieren in diesem Kapitel der griechische und der äthiopische Text ziemlich. Der Text heißt: „Hofft und gebt eure Hoffnung nicht auf, denn ihr werdet große Freude wie die Engel des Himmels haben". 104,6 warnt vor der Gemeinschaft mit den Sündern: „denn ihr sollt Genossen der himmlischen Heerscharen werden". Da auch dieses Stück im Griechischen fehlt, ist die Interpolationstheorie nicht unwahrscheinlich. Der Vergleich der Gerechten mit den Engeln dürfte aus Stellen wie Mk 12,25 par und 2Bar 51 eingetragen worden sein. Dort ist aber von den Auferstandenen die Rede; hier hingegen ist die Auferstehung nicht erwähnt.[60]

An einer anderen Stelle aber gibt der griechische Text einen Hinweis auf die Auferstehung, der auch in einigen äthiopischen MSS (allerdings in wohl verderbter Form) aufscheint. In 102 spotten die Sünder, daß die Gerechten genauso sterben wie sie: „Siehe, wie sie in Kummer und Finsternis sterben, und was hatten sie mehr als wir? Von nun an laßt sie aufstehen und gerettet werden und sie werden uns [61] für immer essen und trinken sehen" (102,7f: *a(n)astētōsan kai sōthētōsan*; drei äthiopische MSS lesen: „wie werden sie auferstehen und was werden sie für immer sehen?" C. BONNER meint zur Stelle, daß vielleicht das Äthiopische mit der Fragestellung recht haben könnte. Der äthiopische Text weicht hier auch sonst ab: im allgemeinen wird man sich auf das Griechische verlassen dürfen, wiewohl auch dieser Text nicht immer ganz klar ist). Hier sprechen die Sünder von einer hypothetischen Auferstehung der Gerechten, wie auch

---

[59] Cf. C. BONNER, The Last Chapters of Enoch in Greek 71.

[60] G. WIED, Der Auferstehungsglaube 66f, versteht 104,1-4 von der jenseitigen Existenz der verstorbenen Gerechten und sieht hier somit den Gedanken an die Totenerweckung impliziert, die Hoffnung, „die eine zukünftige Überführung der Gerechten in die himmlische Welt annimmt" (p. 67). Doch ist der griechische Text zu beachten!

[61] Der griechische Text liest *hymas*; C. BONNER emendiert zu *hēmas*.

manchmal im AT. Man könnte paraphrasieren: „Und könnten die in Trauer gestorbenen Gerechten auch wieder auf die Erde zurückkehren, sie würden nur sehen, wie gut es uns, den Sündern, geht".[62]

Somit haben diese Kapitel ein viel geringeres Resultat ergeben als es R.H. CHARLES, verführt vom Drang zum System, aber auch ohne die Hilfe des griechischen Textes, haben wollte. Nur die Kapitel 102-104 sprechen sicher vom Dasein der Verstorbenen. Gegen den spöttischen Einwand der Sünder 102,7 anastētōsan stellt der Autor seine beharrliche Hoffnung: Die verstorbenen Gerechten werden nicht zugrunde gehen, Gott wird ihr Gedächtnis bewahren. Ja, er wagt das Paradox: euch Toten geht es besser als den Lebenden. Ihr werdet strahlen, der Himmel wird euch aufgetan.

Kann man diese Hoffnung als „Unsterblichkeit im Himmel" qualifizieren? Das würde den Text sicher überforden. Diese Kapitel scheinen noch alte Jenseitshoffnung weiterzutragen. Der Autor weiß zwar, daß für die toten Gerechten die Vergeltung kommen muß; er kann nicht zugeben, daß Gott sie vergessen hat. Wie das aber zustande kommt, mag oder kann er nicht sagen. Er hält allein daran unverzagt fest, daß er auch im Tode in Gott geborgen sein wird; seine Trostreden sind wie eine Entwicklung des irrational scheinenden Jubelrufes des Sängers im Psalm: „Gott wird mich (zu sich) nehmen" (Ps 49,16).

d) *1Hen 108:*

Die aszetische und den Leib fast abwertende Haltung von 1Hen 108 wurde schon festgestellt. Nach R.H. CHARLES [63] lehrt dieses Kapitel „the blessed immortality of the spirit, but apparently not of the body". Gewiß spricht dieses Kapitel nicht von der Auferstehung des Leibes; doch stellt es das zukünftige Glück der gerechten Geister irgendwie leiblich dar: „Nun werde ich die Geister der Guten, die zum Geschlechte des Lichtes gehören, rufen und werde verklären die in Finsternis Geborenen, denen in ihrem Fleische mit keiner Ehre gelohnt wurde, wie es sich für ihre Treue geziemt hätte. Ich will in ein helles Licht die hinausführen, die meinen heiligen Namen liebten, und werde jeden auf den Thron seiner Ehre setzen. Sie werden zahllose Zeiten hindurch glänzen... denn den Treuen wird er in der Wohnung rechtschaffener Wege mit Treue lohnen. Sie werden sehen, wie die in Finsternis Geborenen in die Finsternis geworfen werden" (108,11-14).

Das künftige Glück der Gerechten ist hier als eine Verklärung geschildert. Der Ort dieses neuen Lebens ist nicht explizit angegeben, aber nachdem es 108,10 heißt, daß „sie den Himmel mehr liebten als ihr Leben in dieser Welt", darf man wohl an den Himmel denken. Die Beschreibung

---

[62] Zu 102,7ff siehe auch S. AALEN, St Luke's Gospel and the Last Chapters of I Enoch 11: „We have before us a variant of the idea of a returning from Hades, which is present in Luke XVI, 27ff".
[63] R.H. CHARLES, The Book of Enoch 269.

des endzeitlichen Glücks paßt ganz zu dieser Auffassung. Sie erinnert an den Wahlspruch Rabs, daß es in der zukünftigen Welt kein Essen und Trinken gibt, keine Fortpflanzung und keinen Streit: „Es sitzen vielmehr die Gerechten, ihre Kronen auf ihren Häuptern, und genießen den Glanz der Schekina" (Ber 17a; zum Motiv des Throns cf. auch Mt 19,28; Apk 3,21; 4,4).

Die Verklärung der Gerechten nimmt also den Platz der Auferstehung ein. Bislang haben wir ja keinen Text gefunden, der von einer Auferstehung in den Himmel spricht. Da hier das Glück der Gerechten im Himmel ist und andererseits die „Geister" der Toten noch irgendwie (wenn auch vermindert) leiblich gedacht sind, ist es nicht notwendig, den Begriff der Auferstehung zu verwenden, der doch ursprünglich immer die Rückkehr auf die Erde einschloss. Eine Umgestaltung erfolgt am Ende: die Gerechten sitzen in strahlendem Licht auf ihren Thronen in der Wohnung der Rechtschaffenen und sehen die Vergeltung an den Sündern. In dieser Anthropologie ist der Leib noch nicht das Problem. Das eigentliche Problem ist die Vergeltung.[64]

e) *1Henoch 37 - 71:*

Die Bilderreden, der jüngste Teil von 1Henoch, wahrscheinlich sogar nachchristlich, so spät wie 2Bar und 4Esra, bieten eine sehr entwickelte Auferstehungslehre. Am Ende wird Gott die Erde und den Himmel umgestalten; nur die Auserwählten werden darauf wohnen, während die Sünder nicht in den Himmel noch auf die Erde kommen können (45,4-6.2). Damit ist die Szene für die körperliche Auferstehung vorbereitet. Davon ausgeschlossen sind die Sünder, deren Leben zu Ende ist, wenn das Reich der Gerechtigkeit kommt; durch die Hände der Gerechten werden sie zugrundegehen (38,4-6; cf. 45,6; 48,9; 69,27f). „Finsternis wird ihre Wohnung und Gewürm ihre Lagerstätte sein; sie dürfen nicht hoffen, daß sie sich von ihren Lagerstätten erheben werden, weil sie den Namen des Herrn der Geister nicht erheben" (46,6).

Manchmal deutet man diesen Vers auf die Krankheit des Sünders, gleich der des Antiochus Epiphanes in 2Makk und des Herodes in Josephus;[65] doch ist der Vers besser von den Toten zu verstehen. Das Bild der Würmer ist ja bekannt. Den verstorbenen Sündern ist jede Auferstehungshoffnung genommen, ihr Tod ist endgültig: sie werden vor den Gerechten „niederfallen und nicht mehr aufstehen. Niemand wird dasein, der sie in seine Hände nähme und aufrichtete, weil sie den Herrn der Geister und seinen Gesalbten verleugnet haben" (48,10). Wie Blei werden sie im Wasser

---

[64] D.S. RUSSELL, The Method and Message 377f, schreibt zu 1Hen 108, dieses Kapitel betrachte den Auferstehungsleib als „transformed physical body... The physical body will be raised up ‚a glorious body' on the day of resurrection" (cf. 1Kor 15,42ff).

[65] G. BEER zur Stelle verweist auf BALDENSBERGER.

versinken, sodaß keine Spur mehr von ihnen gefunden wird (48,9). Dunkelheit ist ihre Wohnstätte auf immer (63,6).

51,1 schildert nun die Auferstehung: „In jenen Tagen wird die Erde das herausgeben, was ihr anvertraut ist, und die Scheol wird wiedergeben, was sie empfangen hat, und die Hölle wird, was sie schuldet, herausgeben". Der Vers hat mehrere Parallelen: besonders 4Esra 7,32 und LAB 3,10 sind zu beachten, aber auch 2Bar 21,23f; 42,7; 50,2 sowie Apk 20,13. Wir werden auf das Verhältnis dieser Stellen zueinander später eingehen; sie alle stammen, grob genommen, aus derselben Zeit. Wie haben wir in 51,1 die Auferstehung zu verstehen und wer wird auferstehen?

R.H. CHARLES, der mit manchen MSS vor Scheol „auch" einfügt, deutet entsprechend:[66] „The earth gives up the body just as Sheol and Abaddon give up the soul. They are both reunited at the resurrection". Diese Auslegung setzt eine Anthropologie voraus, wie wir sie bisher nicht angetroffen haben. Für CHARLES sind Erde, Scheol und Abaddon drei verschiedene Orte: Scheol und Abaddon sind demnach die Aufenthalte der Seelen der Gerechten bzw. der Sünder. Die Auslegung von der Auferstehung von Leib und Seele beruht auf dieser Annahme, daß hier verschiedene Orte genannt sind.

Für die Unterscheidung von Scheol und Abaddon ist die von R.H. CHARLES angeführte Stelle Job 26,6 kein Beweis, da dieser Vers offensichtlich ein homonymer Parallelismus ist.[67] Man könnte andere Texte anführen, nach denen Scheol und Abaddon getrennte Orte sind, wie den Ausspruch von Ben Azzai, nach dem der Mensch „in die Scheol und in den Abaddon im Gehinnom" geht,[68] wo also Scheol und Abaddon Wohnungen in der Hölle sind. Doch sind diese Texte meist sehr spät; die Struktur von 51,1 läßt darauf schließen, daß man Scheol und Abaddon als Synonyme aufzufassen hat.[69] Wenn das zweite und das dritte Glied des Satzes parallele Aussagen sind, ohne Bedeutungsunterschied, so muß man das auch vom ersten Glied annehmen.[70] Erde — Scheol — Hölle besagen hier alle dasselbe. „Erde"

---

[66] R.H. CHARLES, The Book of Enoch 99.

[67] Richtig G. BEER zur Stelle.

[68] Derech Eretz 2 (STRACK-BILLERBECK IV 1091). Eine Reihe von Texten erwähnen Scheol und Abaddon als zwei der sieben Wohnungen in Gehinnom, so MidrPs 11,6 (ed. S. BUBER 51a) und die kleinen Midraschim bei A. JELLINEK, Bet-ha-Midrasch, Jerusalem ³1967, II 30 und V 44.

[69] So Er 19a (R. Jehoschua b. Levi, ca 250): „Sieben Namen hat Gehinnom..." A. DILLMANN 164 und D.S. RUSSELL, The Method and Message 364, sind beide unsicher, ob sie diese Ausdrücke synonym nehmen sollen oder nicht.

[70] Richtig P. GRELOT, L'eschatologie 122. Er verweist Anm.19 auf 1Sam 28,13 und Is 26,19, wo die Scheol und die Erde identisch sind. Doch zieht er daraus die falsche Konsequenz, daß hier nicht von einer leiblichen Auferstehung die Rede sei, sondern von einem Aufsteigen der „Geister der Toten" aus ihren Behältern vor den Erwählten, der dann die Auswahl zwischen Gerechten und Ungerechten trifft. Er sieht hingegen richtig die leibliche Auferstehung in 61,5, wo zwar der Begriff der Auferstehung nicht aufscheint, sondern von einer „Rückkehr" derer die Rede ist, die in der Wüste vernichtet, von Tieren verschlungen oder von den Fischen des Meeres gefressen worden sind (cf. zu diesem Gedanken Sib 2,229ff).

ist hier gleichbedeutend mit dem „Land des Staubes" des Auferstehungs-
textes in Dan 12 und meint das Totenreich.[71]

4Esra 7,32 ist nur teilweise eine Parallele zu unserem Text: „Et terra
reddet qui in ea dormiunt, et pulvis qui in eo silentio habitant, et promptuaria reddent quae eis commendatae sunt animae". Im Text von 4Esra sind
die beiden ersten Glieder deutlich vom dritten abgesetzt: die ersten beiden
Glieder haben das Verb „reddent" gemeinsam; im dritten Glied sind die
anvertrauten Seelen Objekt. Die Henochstelle darf man aber nicht mit
4Esra deuten.

1Hen 51,1 besagt nicht die Auferstehung der Seele und des Körpers, die
dann wiedervereint werden müßten, sondern die Auferstehung des Toten,
der als ganzer in der Scheol ist und als ganzer zurückkommt. Die Leiblichkeit der Auferstehung ist nicht aus dem Text direkt zu entnehmen, sondern
aus der Anthropologie von 1Henoch und dem Ort des Auferstehungslebens,
der erneuerten Erde.

Daher kann man aus dem Text auch nicht herauslesen, daß der Tote
seinen alten Leib wiederbekommt, den er in seinem Erdenleben hatte.[72]
Dieser irdische Leib interessiert nur so lange, als er mit dem Toten
identifiziert wird. Zerfällt der Leib in der Erde, so denkt der biblische
Mensch nicht mehr an seine Wiederbelebung. Nicht der alte Leib wird
belebt der Seele neu verbunden, sondern die leibliche „Seele" kommt
aus der Schattenexistenz des Todes zurück in volles Leben und damit in
volle Leiblichkeit. Wegen dieser Kontinuität allein könnte man von der
Identität des Körpers des verstorbenen und des auferstandenen Menschen
sprechen; das aber nicht, weil die Materie identisch wäre, sondern weil
es derselbe Mensch ist, der sich immer nur im selben Leibe konkretisieren
und mitteilen kann.

Genauso fraglich wie die Auslegung von 1Hen 51,1 von der (getrennten)
Auferstehung von Leib und Seele scheint auch die Deutung des Verses auf
eine Auferstehung von Gerechten und Sündern zu sein.[73] Gegen diese
Auffassung sind nicht nur die zuvor angeführten Texte, die deutlich besagen,
daß der Sünder wie Blei versinkt, nicht mehr aufkommt. Auch dieses
Kapitel und die folgenden sagen nie etwas von den auferstandenen Sündern.
Sollte der Autor sie sofort wieder vergessen haben?

Man könnte gegen die Deutung von 1Hen 51,1 von der Auferstehung
der Gerechten allein einwenden, daß es in 51,2 heißt: „Er (der Erwählte)
wird die Gerechten und Heiligen unter ihnen auswählen, denn der Tag

---

[71] Siehe STRACK-BILLERBECK IV 1025 zu rabbinischen Texten, die Grab und Scheol
gleichsetzen.
[72] K. SCHUBERT, Auferstehungslehre 195f, betont, daß 1Henoch zwar die Auferstehung
körperlich gedacht ist, aber damit noch nicht die Auferstehung der konkreten verstorbenen Körper ausgesagt ist. „Man glaubte an ein Fortdauern der Leiblichkeit, auch
wenn man mit einem Vergehen der Leiber selbst rechnete" (196).
[73] G. BEER und R.H. CHARLES zur Stelle; BOUSSET-GRESSMANN 271; K. SCHUBERT, Auferstehungslehre 205; P. HOFFMANN, Die Toten in Christus 118.

der Erlösung ist nahe". Doch kann sich „unter ihnen" nicht nur auf die
Auferstandenen beziehen. Genausogut kann man den ganzen Satz als
mit 51,1 gleichzeitig verstehen: der Auserwählte wird unter den Toten
die Gerechten auswählen für den nahen Tag der Erlösung (d.h. der Auferstehung) und die Erde wird sie zurückgeben.[74]

Wie stellt sich der Autor das Auferstehungsleben vor? 51,5 nennt als
Ort die Erde,[75] wohl die umgestaltete von 45,4f: „Die Erde wird sich
freuen, die Gerechten werden auf ihr wohnen und die Auserwählten werden
auf ihr wandeln" (cf. Mt 5,5; TestLev 18,5: „Die Himmel werden in seinen
Tagen jubeln und die Erde wird sich freuen"). Fraglich ist die Deutung
von 51,4. R.H. CHARLES übersetzte in der ersten Auflage seines The Book
of Enoch (1893) mit einer MSS-Gruppe: „Alle werden Engel im Himmel
werden" (so auch G. BEER und E. HAMMERSHAIMB), zieht aber in der Neufassung von 1912 eine andere Lesart vor: „die Gesichter aller Engel im
Himmel werden mit Freude erleuchtet sein" und folgert, daß hier der
Gedanke nicht aufscheine, daß die Gerechten wie Engel sein werden. Ein
Jahr später aber deutet er den Text genau in diesem zuerst abgelehnten
Sinn.[76]

Ohne Sicheres behaupten zu können, möchte ich die Lesart vorziehen,
daß die Engel im Himmel sich freuen, so wie zuvor der Jubel der Berge
und Hügel auf Erden beschrieben wird (das oben zitierte TestLev 18,5
fährt auch so weiter: „und die Engel werden in ihm frohlocken"). Schon
in 1Hen 104 hat sich der Vergleich der Gerechten mit den Engeln als
unhaltbar erwiesen; daher ist auch hier eine Umdeutung durch einen
äthiopischen Bearbeiter wahrscheinlich, wie überhaupt in die äthiopische
Übersetzung so manche spätere Denkschemata eingedrungen zu sein
scheinen.

62,15-16 schildert die Herrlichkeit der Gerechten am Ende: sie „werden
mit dem Kleid der Herrlichkeit angetan sein. Und dies soll euer Kleid sein:
ein Kleid des Lebens vom Herrn der Geister; eure Kleider werden nicht
veralten und eure Herrlichkeit nicht vergehen vor dem Herrn der Geister".
Ist das Kleid der Herrlichkeit und des Lebens, das nicht altet, gleichzu-

---

[74] In der Anordnung des Textes durch R.H. CHARLES, The Book of Enoch 100, der
vor v. 2 v. 5a setzt: „Denn in jenen Tagen wird sich der Auserwählte erheben und er
wird..." wäre überhaupt nur diese Deutung möglich, doch ist diese Umstellung des
Textes äußerst hypothetisch.
[75] So auch A. DILLMANN 105. 1Hen 39,4ff sind die Ruhestätten der Gerechten bei den
heiligen Engeln, mit den Heiligen; der „Erwählte" wohnt dort unter den Flügeln des
Herrn der Geister und die Gerechten und Erwählten stehen vor ihm. E. SJÖBERG, Der
Menschensohn 107, sieht hier das Paradies, das in der himmlischen Welt liegt, als
Aufenthalt der Gerechten; CHARLES, The Book of Enoch 75, meint zuerst, es sei der
Himmel; doch sagt er dann, dies sei im Schema dieses Buches unmöglich, da die Geschichte noch nicht vollendet ist.
[76] R.H. CHARLES, Eschatology 295.

setzen mit „the spiritual bodies that await the righteous?[77] Liest diese
Deutung nicht Henoch in der Perspektive von 1Kor 15 und 2Kor 5?

Es gibt sicher Stellen, wo man den Ausdruck „Kleid" vom Körper
verstehen muß. So heißt es schon Job 10,11 von der Schöpfung des
Menschen: „du hast mich mit Haut und Fleisch bekleidet". 2Hen 22,8 ist
ebenfalls vom Leib zu verstehen, wie auch das Gleichnis vom Weizenkorn
Sanh 90b sowie Schab 152b und vielleicht auch ein Teil der rabbinischen
Aussagen, daß der Mensch im selben Kleid auferstehen werde, in dem er
begraben wurde.[78] Doch ist das Bild viel allgemeiner: in Apk 3,4f.18 usw.
ist das Kleid vom Leib unterscheidbar. An unserer Stelle ist das Kleid
wohl wie meist in der biblischen Welt verstanden, als Ehrengabe, Aus-
zeichnung, Symbol der Freude.[79] Die Ehren- und Festkleider werden nicht
altern wie einst die Kleider der Wüstengeneration (Dt 8,4; 29,5); denn ihre
Herrlichkeit wird für immer sein.

Die Auslegung der Kleider auf den Auferstehungsleib setzt eine Spi-
ritualisierung dieses Leibes voraus,[80] wie sie die Bilderreden nirgends andeuten. Gewiß ist die Erde umgewandelt, aber nicht in eine geistige Erde,
sondern in eine Stätte der Gerechtigkeit: nicht „Licht und Herrlichkeit"
ist der Leib der seligen Gerechten;[81] auf einer materiellen Erde haben sie
einen materiellen Leib, wie es auch 62,14 ausdrückt: „sie werden mit dem
Menschensohne essen, sich niederlegen und erheben bis in alle Ewigkeit".
Das Essen könnte zwar bloßes Bild der Gemeinschaft sein; das müßte
aber der Kontext andeuten.

Daß das Auferstehungsleben ewig ist, wird zwar öfter gesagt; 69,29
betont, daß es nichts Verderbliches mehr geben wird; die Gerechten werden
„für immer und immer und immer" mit dem Menschensohne wohnen;
„so wird Länge der Tage bei jenem Menschensohn sein und die Gerechten
werden Frieden haben und seinen geraden Weg" (71,16-17). Der Ausdruck
„Länge der Tage" und das Bild des Weges als Symbol der geschichtlichen
Existenz zeigen aber, daß man „Ewigkeit" nicht im philosophischen Sinn
pressen darf.

---

[77] R.H. CHARLES, Eschatology 295; The Book of Enoch 125; ebenso D.S. RUSSELL,
The Method and Message 377. Zu Kleid-Körper cf. auch W.D. DAVIES, Paul and Rabbinic
Judaism, London 1948, 300f.

[78] Rabbinische Referenzen bei R. MACH, Der Zaddik in Talmud und Midrash, Leiden
1957, 196f. Zur apokalyptischen Literatur cf. D.S. RUSSELL, The Method and Message 378.
Auch gnostische Kreise verwenden das Bild, so z.B. das Lied von der Perle (siehe H.
JONAS, The Gnostic Religion, Boston 1960, 112ff).

[79] Siehe E. HAULOTTE, Symbolique du vêtement selon la Bible, Paris 196, besonders
315ff.

[80] Auch P. GRELOT, L'eschatologie 122, meint die Auferstehungsleiber seien „en quel-
que sorte spiritualisés".

[81] Gegen R.H. CHARLES, Eschatology 295.

4

4) Zusammenfassung:

Die Analyse von 1Henoch hat ergeben, daß die Anthropologie dieses Buches noch im wesentlichen die alte biblische Auffassung weiterträgt, in der nur ein leibliches Denken möglich ist. In den Kapiteln 91 - 104 wird zwar schon die Problematik dieser Haltung durchsichtig, und in 108 wird das in der asketischen Einstellung besonders deutlich: aber auch hier ist das alte Weltbild noch nicht durchbrochen; kommt es auch zu einer gewissen Abwertung des Lebens in dieser Welt, so doch nicht zur Verachtung des Leibes zugunsten des Geistes, der Seele.

Die Toten sind auch noch immer leiblich vorgestellt, wenn auch hier 91 - 104/108 bedeutend zurückhaltender sind als manch andere Darstellung.

In der Auferstehungslehre von 1Henoch haben wir wieder deutlich die Richtigkeit der These gesehen, daß die Art der Auferstehungsvorstellung von der Anthropologie direkt abhängt. Eine im Grunde im ganzen Buche gleiche Anthropologie, mit verschiedener Akzentsetzung, aber ohne Gegensätze, läßt eine prinzipiell einheitliche Auferstehungsvorstellung erwarten, deren Perspektive jedoch dadurch unterschieden ist, ob das Auferstehungsleben eine Rückkehr auf die Erde ist (und nur hier kann man auf dieser Vorstellungsstufe eigentlich von Auferstehung reden) oder nicht.

1 - 36 ergab nur ein sicheres Resultat, nämlich, daß es eine Auferstehung gibt, wahrscheinlich die der Gerechten, die entsprechend den allgemeinen Denkvoraussetzungen in leiblicher Gestalt auf die Erde zurückkehren. Ob dieses neue Leben ewig dauert, ist nicht sicher.

90,33, ein Vers aus den Traumgesichten, besagt wohl die Auferstehung der für den Glauben Verstorbenen in das neue Jerusalem. Auch hier ist die Auferstehung eine Rückkehr ins leibliche Leben. Die Umgestaltung betrifft nicht die Leiblichkeit, sondern die Sittlichkeit: es ist ein Leben in neuer Gerechtigkeit; die volle Entsprechung mit dem Willen Gottes bringt auch eine gewisse leibliche Umgestaltung mit sich (90,38), bringt den Leib zu voller Herrlichkeit, was aber nicht eine Aufhebung der leiblichen Bedingtheit bedeutet.

In den Kapiteln 91 - 104 ist in den üblicherweise auf die Auferstehung gedeuteten Stellen 91,10 und 92,3 nicht sicher von der Auferstehung die Rede; der Schlaf muß nicht unbedingt den Tod meinen, sondern kann auch das unterdrückte, unscheinbare, stille Leben der Gerechten in einer feindlichen Welt besagen. Sollte aber hier die Auferstehung gemeint sein, so ist es eine Auferstehung auf die Erde, in ein neues geschichtliches Dasein.

103 preist das Glück der verstorbenen „Geister" der „Seelen" der Gerechten. Nichts ist über das Wo und Wie ausgesagt; die Darstellung ist ziemlich vergeistigt, wie ja auch die Anthropologie dieser Kapitel eine ziemliche Weltabgewandtheit ausdrückt: aber an einen reinen Geist ist

nicht gedacht — auch hier fehlen nicht gewisse leibliche Aspekte. Ebenso
ist es in 104 und ähnlich in 108. Gegen den Spott der Sünder hält der
Autor an der Zuversicht fest: die Verstorbenen werden im „Gedächtnis"
Gottes sein, in Gott geborgen. Das genügt ihm.

37-71 kommen die Toten auf die Erde zurück, und zwar wohl nur
die Gerechten. Ihre Auferstehung ist nicht eine Auferstehung von Leib
und Seele, die sich wiedervereinen, sondern eine Auferstehung des leiblichen Menschen, der zu vollem Leben und damit zu voller Leiblichkeit
zurückkehrt. Das neue Leben ist nicht in einem vergeistigten Leib, sondern
auf einer gerechten, verherrlichten Erde: das ist die große Umwandlung
am Ende, wenn es keine Sünde mehr gibt.

Wenn P. GRELOT schreibt, daß in 1Henoch außer in den Bilderreden
nur von der Unsterblichkeit der Seele oder des Geistes (im Sinn der
semitischen Anthropologie) die Rede ist und nicht von der Auferstehung
des Leibes,[82] kann man verschiedene Einwände dagegen erheben. Einmal
scheint GRELOT nicht voll zu berücksichtigen, daß es auch für 1Henoch
keine leiblose Seele gibt, also auch die Unsterblichkeit der Seele (wenn
man von einer solchen sprechen soll) tatsächlich ein Überleben des ganzen
Menschen besagt; außerdem haben wir auch in anderen Teilen des Buches
eine Auferstehung zurück auf diese Erde ausgesagt oder zumindest angedeutet gefunden; schließlich ist auch in den Bilderreden die Auferstehung
der Leiber nicht im üblichen Sinn dieser Formel gelehrt, die eine Wiedervereinigung von Leib und Seele voraussetzt.

In vielen unserer Auslegungen mußten wir der Meinung von R.H.
CHARLES widersprechen; obwohl viele Voraussetzungen sich seit CHARLES
geändert haben, werden seine Ansichten noch immer viel zu gutgläubig
von Buch zu Buch weitergereicht. Eine grundlegende Kritik der ganzen
Darstellung der Eschatologie von 1Henoch, die CHARLES bietet, erweist
sich durch neuere Einsichten in die semitische Denkweise, aber auch
durch neues Textmaterial notwendig. Es ist aber auch klar, daß eine
solche Neudarstellung erst nach einer Neuausgabe des Textes möglich
sein wird.

---

[82] P. GRELOT, L'eschatologie 123.

III. KAPITEL:

Die Psalmen Salomos

1) Einleitung: [1]

Die Psalmen Salomos stammen nach allgemeiner Ansicht aus den Jahren 70-40 v.Chr. und sind das Werk eines oder verschiedener Autoren. Nur in griechischer und syrischer Sprache erhalten,[2] waren diese nach ATlichem Muster geschriebenen Psalmen ursprünglich wohl hebräisch abgefaßt und in Palästina, vielleicht Jerusalem, geschrieben.[3] Ihre Geistigkeit, vielfach als typischer Ausdruck der pharisäischen Frömmigkeit des ersten vorchristlichen Jahrhunderts betrachtet,[4] ist allgemeiner als die der Chasidim aufzufassen.[5]

Für unser Thema ist diese Schrift, zumindest auf den ersten Blick, nicht sehr ergiebig. Eine einzige Stelle scheint direkt von der Auferstehung

---

[1] Die Zählung der Psalmverse erfolgt nach der Ausgabe von O. von GEBHARDT, Die Psalmen Salomo's. Für die syrischen Varianten wurde verglichen J. VITEAU, Les Psaumes de Salomon. Zu Einleitungsfragen siehe außerdem H.E. RYLE - M.R. JAMES, Psalms of the Pharisees; R. KITTEL in KAUTZSCH II 127ff; P. VOLZ, Jüdische Eschatologie 22f; BOUSSET-GRESSMANN 16; J.-M. LAGRANGE, Le Judaisme 149-161; G.F. MOORE I 180-183; A.M. DENIS, Introduction 60-63; L. ROST, Einleitung 89-91.

[2] Das Verhältnis der syrischen Übersetzung zur griechischen ist umstritten. Der Erstherausgeber des syrischen Textes, R. HARRIS (R. HARRIS - A. MINGANA, The Odes and Psalms of Solomon, 2 vol., Manchester-London 1916/1920), bezeichnet ihn als eine Übersetzung des griechischen Textes. Ihm folgt z.B. G.F. MOORE I 181. Dagegen wendet sich K.G. KUHN, Die älteste Textgestalt der Psalmen Salomos, insbesondere auf Grund der syrischen Übersetzung neu untersucht, Stuttgart 1937. Nach ihm ist die syrische Übersetzung direkt aus dem Hebräischen, doch habe der Übersetzer die griechische Version benutzt, wo er den hebräischen Text nicht verstand (p. 22f). Diese Einschränkung mindert den textkritischen Wert des Syrers mehr, als es KUHN wahrhaben will. J. BEGRICH, Der Text der Psalmen Salomos, ZNW 38 (1939) 131-164, stellt gegen KUHN fest, der Syrer sei vom griechischen Text abhängig, gebe aber eine ältere griechische Textgestalt wieder als heute vorliegt.

[3] A.M. DENIS, Introduction 63f.

[4] Die meisten Autoren sehen die PsSal als pharisäisch an, so z.B. R. KITTEL in KAUTZSCH II 128, J. VITEAU 86f (pharisäischer Priester), BOUSSET-GRESSMANN 16; H.E. RYLE - M.R. JAMES, Psalms of the Pharisees; K.G. KUHN 3.

[5] So besonders J. O'DELL, The Religious Background of the Psalms of Solomon (Reevaluated in the light of the Qumran Texts), RQum 3 (1961) 241-257. Nach ihm gehört der Autor in „a general trend of pious, eschatological Jews whose piousness was one of an individual nature rather than something imposed upon them by the group" (p. 257). Schon LAGRANGE, Judaisme 161, schrieb, daß man die Sammlung nicht als pharisäisch ansehen würde, wäre es nicht wegen der Psalmen 5,6,9,10,14,16. K. SCHUBERT, in einer Buchbesprechung BZ 5 (1961) 132, sieht die Zuschreibung der PsSal zum Pharisäismus als veraltete Auffassung an.

zu reden; mit dem Leben nach dem Tode beschäftigen sich diese Psalmendichter kaum. Sie gehen ganz in der theologischen Verarbeitung der
geschichtlichen Ereignisse ihrer Gegenwart auf, handeln „vom Erbarmen
Gottes über den Gerechten"[6] in einer Zeit der Bedrängnis und Bedrückung
und bauen auf diesem Dogma ihre Geschichtsdeutung auf.

Das Geschick des Menschen nach dem Tode haben die Autoren, so
meint zumindest J. VITEAU, ganz nach der pharisäischen Meinung dargestellt: die Psalmen lehren die Auferstehung der Gerechten; ihnen werden
sich ihre Körper aus dem Grabe vereinen, zu einem ewigen Leben im
Himmel.[7] Bevor wir auf den Auferstehungstext selbst eingehen, wollen
wir wieder kurz die Auffassung der Psalmendichter über die Welt der
Toten und die Anthropologie untersuchen, da diese beiden Fragenkreise
eng mit dem der Auferstehung zusammenhängen.

2) **Der Mensch:**

Ist die Anthropologie der PsSal noch typisch für das hebräische
Denken, sodaß man nur an eine *leibliche* Auferstehung denken kann und
auch das Weiterleben der Toten leiblich sein muß? Die Texte sind hier
bei weitem nicht so deutlich und ausführlich wie andere Schriften.

Sōma kommt nur 2,27 vor, in der Bedeutung von „Leiche", wie ja
auch oft in den LXX. *Sarx* drückt immer die Vergänglichkeit des Menschen
aus: 4,6 wünscht der Beter dem Sünder, daß Gott ihm *en phthorai sarkos
'autou* sein Leben nehme;[8] 4,19 setzt *sarkes*, die Leichen, die die Tiere
fressen, parallel mit den an der Sonne gebleichten Knochen der Sünder
(ebenso 13,3): hier wie 2,27 sehen wir den ATlichen Schrecken vor dem
Unbegrabensein (cf. auch 12,4). 16,14 heiß es: *En tō elegchesthai psychēn
en cheiri saprias autou, hē dokimasia sou en sarki autou.* Der Text ist
schwer übersetzbar, da verderbt — der Syrer hat sich damit geholfen,
daß er einfach ein Stück ausließ;[9] doch ist es deutlich, daß auch hier

---

[6] Das ist der Titel der interessanten Arbeit von H. BRAUN, Vom Erbarmen Gottes
über den Gerechten. Zur Theologie der Psalmen Salomos, ZNW 43 (1950f) 1-54.

[7] J. VITEAU, Les Psaumes de Salomon 59-61. Eine Auferstehung in den Himmel
nehmen auch J.-M. LAGRANGE, Judaisme 162, und R.H. CHARLES, Eschatology 271, an („There
seems to be no resurrection of the body"). LAGRANGE harmonisiert die Angaben der
Psalmen, wenn er das ewige Leben der Auferstandenen im Himmel sieht, das messianische Reich auf Erden, und dazu bemerkt: „on doit supposer que le gouvernement
du Messie conduira tous les fils d'Israel à la vie éternelle qui est réservée aux saints".
Immerhin könnte der Sammler der Psalmen sich ihre Angaben so miteinander verbunden haben. Nicht zugänglich ist mir die Arbeit von M. de JONGE, De toekomstver-
wachting in de Psalmen van Salomo, Leiden 1965.

[8] J. VITEAU 273 möchte mit RYLE - JAMES *sarkas* lesen: ist dies korrekt, dann ist
„Fleisch" parallel zum (wegzunehmenden) Leben, würde also noch mehr diesen Gedanken unterstreichen.

[9] Cf. K.G. KUHN 55: „Den ursprünglichen Text hat uns S mit dieser Auslassung
aber sicher nicht erhalten. Denn auch sein Text ist so, wie er vorliegt, korrupt, genau

das Fleisch gekennzeichnet ist durch die Vergänglichkeit (*sapria - sarx*: 14,7 nennt die *sapria* als Gegensatz zu Gott). Das Fleisch ist der Strafe ausgesetzt, eignet dem sündigen Menschen.

Psychē ist in dem letztgenannten Zitat natürlich nicht der *sarx* entgegengesetzt. „Seele" als Gegensatz zu „Leib" gibt es in den PsSal nicht. Der Begriff des Leibes scheint in den PsSal gar nicht auf.

Psychē kommt in den PsSal verhältnismäßig oft vor; die Selbstbezeichnung des Beters als *psychē* ist ja auch in den ATlichen Psalmen häufig. In keiner der 25 Stellen bezeichnet *psychē* einen *Teil* des Menschen. Es ist immer der ganze Mensch, oft mit dem Personalpronomen übersetzbar, oder in der Bedeutung von „Leben", entspricht also der ATlichen *nefesch*. Es ist der Beter, der sich als *psychē* vor Gott stellt; es geht meist um die innere Einstellung des Menschen, um den Menschen, wie er vor Gott ist, das wahre Ich. Daher ist *psychē* auch manchmal fast gleich wie *kardia*, aber umfassender als diese. „Warum schläfst du, Seele?" (3,1; cf. 16,1) redet der Psalmist sich selbst an und ganz allgemein den Gerechten. *Psychē* ist der Mensch, der niedrig ist vor Gott (3,8; 5,12), arglos (4,22), gehorsam (18,4), friedlich (12,5); der als *psychē* bezeichnete Mensch hofft auf Gott (6,6) und wird nicht erschüttert (6,3), bekennt seine Sünden (9,6) und sieht sein Geschick gewendet (9,10). Beim Sünder ist die „Seele" Träger seines Gott entgegengesetzten Wollens (2,24), seiner Gier (4,13.17) usw.

Vielfach steht das Personalpronomen parallel zu „meine Seele" usw., zeigt also die weitgehende Übereinstimmung beider Ausdrücke. Soweit gehört „Seele" einfach zur Sprache des Psalmengebets. Die Wendung *sōthēnai psychēn* u.ä. (12,1; 17,1.17) oder *aitios tēs psychēs* (9,5) legt den Ton mehr auf die Bedeutung „Leben", aber auch hier noch konkret als das Leben einer bestimmten Person. Auch 16,2 kann man hier anführen: „fast wäre meine *psychē* in den Tod ausgeschüttet worden" (dahinter steht die ATliche Gleichung Seele-Leben-Blut).

Daß der Leib wie im AT Träger seelischer Funktionen ist, zeigt sich in 2,14, wo das Innere und die Eingeweide Sitz des Schmerzes, des Mitleids sind, und in 8,5, wo das Zittern der Knochen und das Wanken der Knie die Angst des Herzens offenbart.

3) Der Tod:

Diese Angaben der PsSal entsprechen der althebräischen Anthropologie; so dürfen wir voraussetzen, daß auch jene Züge, die nicht ausdrücklich aufscheinen, mit dieser übereinstimmen. Damit ist für die PsSal keine Zweiteilung des Menschen in Leib und Seele denkbar, welche Bestandteile sich im Tode trennen könnten. Der Mensch ist leibhafte Seele oder

---

wie der von G". Bereits in der hebräischen Vorlage muß der Text heillos verderbt gewesen sein.

beseelter Leib; der Tod senkt den Menschen als ganzen in einen Schatten-
zustand.

16,2 klagt zwar der Psalmist, daß seine „Seele" fast in den Tod ausgeschüttet worden wäre, doch hat das mit der Trennung der Seele vom
Leib nichts zu tun. „Seele" meint hier den ganzen Menschen und besonders
seine Lebenskraft im Blut. Der ganze sündige Mensch hat sein Erbe in
„Hölle, Dunkel und Verderben" (14,9), wohin ihn seine Sünde verfolgt
(15,10); darum kann der Dichter in 12,4 auch wünschen, daß „im flam-
menden Feuer (der Scheol) die verleumderische Zunge zugrundegehe".
Auch in der Totenwelt ist nicht nur eine unleibliche „Seele". Das müssen
wir auch für die Auferstehungslehre berücksichtigen.

Die Totenwelt selbst beschreiben die PsSal genausowenig wie sie am
Himmel interessiert sind: der Hades ist Bild der Unersättlichkeit (4,13),
synonym mit Dunkelheit und Verderben (14,9; 15,10). Zwar spricht der
Autor in traditioneller Wendung von der Totenwelt „unten", in die das
Unrecht den Sünder verfolgt (15,10), oder er drückt mit dem Bild, daß er
„nahe den Toren der Unterwelt" war (16,2), aus, wie nahe er schon dem
Tode war (Parallelismus); von einer konkreten Vorstellung des Jenseits
aber zeigen die PsSal keine Spur.

4) Die Auferstehung:

Der dritte Psalm vergleicht den Gerechten mit den Gottlosen. Der
Gottlose „häufte Sünde auf Sünde in seinem Leben; er fiel — sein Fall
ist böse — *kai ouk anastēsetai*. Des Sünders Verderben ist ewig und seiner
wird nicht gedacht, wenn er die Gerechten heimsucht. Dies ist der Anteil
der Sünder in Ewigkeit; die aber den Herrn fürchten, *anastēsontai eis
zōēn aiōnion*, und ihr Leben wird nicht mehr vergehen" (3,10-12).

Diese Stelle wird gewöhnlich von der Auferstehung der toten Gerechten
verstanden und näherhin, wie schon am Anfang des Kapitels gesagt, als
Auferstehung aus dem Grab zu einer himmlischen Existenz. Die dargelegte
Auffassung der PsSal vom Menschen sowie ihr nüchternes, so gar nicht
konkretes Reden von Gott und dem Himmel lassen beides fraglich erscheinen. Eine Wiedervereinigung des Leibes mit der im Tod von ihm
getrennten Seele ist in den PsSal nicht anzunehmen, da dies der Anthropologie der PsSal widersprechen würde. Und hätten die PsSal das Auferstehungsleben in den Himmel verlegt, so zeigten sie doch wohl eine etwas
konkretere Auffassung vom Himmel. Wir wenden uns nun zuerst der
Tatsache (a) und dann der *Art* (b) der Auferstehung zu.

a) Ist der Fall des Sünders in v.10 sein Tod? 3,5-8 beschreibt den Fall
des Gerechten: er strauchelt und stürzt; doch schaut er auf zu Gott, von
dem ihm Hilfe kommt, er bekennt Gottes Gerechtigkeit und tut Buße
für seine Sünde. Hier ist also der Fall die Sünde des Gerechten. VV.9-11

schildern parallel zu 5-8 den Fall des Sünders: auch er strauchelt und stürzt, doch statt sich zum Herrn zu wenden, verflucht er den Tag seiner Geburt und fährt fort zu sündigen. Darum wird er nicht aufstehen von seinem Fall. Gott wird nicht auf ihn schauen, nicht seiner verzeihend gedenken. Der Gedanke stimmt überein mit 1Hen 48,10, daß die Sünder am Ende „fallen und nicht wieder aufstehen werden; niemand wird sie in seine Hände nehmen und sie aufrichten; denn sie haben den Herrn der Geister und seinen Gesalbten verleugnet" (cf. Ps. 36,13; Is 24,20 heißt es von der Erde, daß sie unter dem Gewicht der Sünde fällt und nicht aufstehen kann: *ou mē dynatai anastēnai*).

Soweit also kein Gedanke an den Tod des Sünders. *Ouk anastēsontai* besagt hier nicht (zumindest einmal nicht direkt), daß es für den Sünder keine Auferstehung gibt, sondern daß er von seiner Sünde nicht aufsteht, weitersündigt im Gegensatz zum gestrauchelten Gerechten, der sich in seiner Schuld zu Gott wendet.[10] Darum ist des Gottlosen Verderben auf ewig, endet seine Sünde im Tod. *Apōleia* ist ja immer vom Tod gebraucht, parallel mit Hölle und Finsternis (14,9; 15,10), ist Verwirken des Lebens (9,5) und Gegensatz zum ewigen Leben der Gerechten (13,11). Somit geht in v. 11 der Gedanke über die Parallele zum Gerechten hinaus (3,5-8): der Sünder steht von seinem Fall nicht auf, seine angehäufte Sünde führt ihn in ewiges Verderben, in ewigen Tod. Ihm widerfährt nicht das Glück, daß seiner „der Herr mit Zurechtweisung gedenkt" (10,1); den gefallenen Gerechten aber sucht der Herr strafend-erbarmend heim (9,5; 15,12; cf. 10,4; 11,1).

Es scheint so nicht gerechtfertigt, die Verben *mnēsthēsetai* und *episkeptētai* von 3,11a mit J. VITEAU [11] auf Gottes Wahl bei der Auferstehung der Toten am Jüngsten Tag zu deuten. Beide Verben bezeichnen in den PsSal immer Gottes Verhalten zum sündigen Menschen und begründen hier, warum sich der (Gewohnheits-) Sünder nicht erheben wird. In dem „ewigen Verderben" des Sünders spielt hier wohl der Gedanke an den Tod als das Ende der Sünder herein, beherrscht aber nicht die ganze Szene.

Nun heißt es von den Gottesfürchtigen in v. 12, daß sie zu ewigem Leben auf(er)stehen: von ihrem Tod ist zuvor nicht die Rede. Somit könnte man *anastēsontai* als Aufstehen des Gerechten von dem Fall seiner Sünde (im Gegensatz zum Gottlosen) verstehen, ohne an den Tod zu denken: mag auch der Gerechte einmal fallen, er wird doch wieder aufstehen und ewig leben. Oder sollte mit dem Stichwort „Verderben" auch hier der Gedanke abgeglitten sein von der dargestellten Situation des Sündenfalls und des Wiederaufstehens, sich verschoben haben auf das endzeitliche Geschick? Die Formulierung des Verses macht zunächst eine solche

[10] Auch RYLE-JAMES sehen hier noch keinen Hinweis auf den Glauben an die Auferstehung (p. 37).
[11] J. VITEAU 270.

Deutung wahrscheinlicher; aber konnte der Dichter das Faktum des Todes so einfach übergehen? Letzte Sicherheit in der Deutung haben wir hier nicht.[12]

Die Deutung auf die Auferstehung wird erschüttert, wenn wir verschiedene Stellen vergleichen, die ebenfalls dem ewigen Leben der Gerechten, der Gottesfürchtigen, das ewige Verderben der Sünder gegenüberstellen. Sehen wir einmal ab von Ps 17 und 18, die R.H. CHARLES,[13] wohl zu Recht, einem anderen Autor zuschreibt als die übrigen Psalmen: 17,2 ist sich der kurzen Dauer des Menschen auf Erden bewußt; 18,6 rechnet nicht mit der Auferstehung der Toten; heißt es doch: „selig, wer in jenen Tagen leben wird und schauen darf das Heil des Herrn, das er dem kommenden Geschlechte schafft" (cf. 17,44).[14] Sonst ist diese Ausschau auf die Zukunft in den PsSal nicht bekannt; man könnte fast von einer realisierten Eschatologie sprechen: das ewige Leben hat schon begonnen![15]

Nur Ps 16,6 in den Psalmen 1 - 16 weiß vom Tode des Gerechten: „Laß dein Gedächtnis nicht aus meinem Herzen weichen bis zum Tode".[16] Zwar liegt das Heil letzthin noch in der Zukunft (doch beachte man, daß nur die Psalmen 17 und 18 einen Messias erwarten!), doch schon jetzt ist sich der Gerechte des ewigen Lebens gewiß.

Ps 13 ist unserem Text parallel: auch da wird der erschütternde Fall des Gottlosen der Übertretung des Gerechten gegenübergestellt: diesen verschont der Herr, tilgt seine Sünde durch Züchtigung; „denn das Leben der Gerechten ist auf ewig, die Sünder aber werden ins Verderben gerissen, und ihr Andenken ist nicht mehr zu finden" (13,11). Ebenso steht in Ps 14 dem Geschick der Sünder, das Hölle, Dunkel, Verderben ist, und die man am Tage der Gnade nicht mehr finden wird (v. 9), das Los der Frommen gegenüber: „Des Herren Fromme werden in ihm (=Gesetz) in Ewigkeit leben, das Paradies des Herrn, die Bäume des Lebens sind seine Heiligen... des Herrn Fromme werden Leben in Freude erben" (cf. 9.5).

Das Thema kehrt in Ps 15 wieder: den Gerechten „wird des Feuers Flamme und der Zorn über die Gottlosen nicht erreichen" (v. 4). Denn er trägt Gottes rettendes Zeichen an sich. Der Sünder erbt Hölle, Verderben,

---

[12] R. KABISCH, Das vierte Buch Esra 167f, ist gegen die Auslegung von PsSal 3,12 auf die Auferstehung. RYLE - JAMES 38 finden das unverständlich (sie führen als Vertreter der Auffassung KABISCHS auch HITZIG an). Doch auch N. MESSEL, Die Einheitlichkeit 132f, ist gegen das Verständnis des Verses von der Auferstehung.

[13] R.H. CHARLES, Eschatology 267.270.

[14] Oder schließt der Autor damit nur eine Auferstehung für die messianische Zeit aus, sodaß eine solche für den ᶜOlam-ha-ba noch immer möglich wäre?

[15] Ähnlicher Auffassung ist N. MESSEL, Die Einheitlichkeit 134f, nach dem die Frommen dieser Psalmen schon das ewige Leben erlangt zu haben glauben. „Die Frommen der Salomopsalmen glauben, in der Heilszeit zu stehen. Die Makkabäerzeit war die erhoffte ‚messianische' Zeit" (135). Doch kann er zu Recht behaupten, daß auch Gegner der herrschenden Dynastie diese Ansicht vertraten? Auch ist seine Gleichsetzung der $z\bar{o}\bar{e}$ $ai\bar{o}nios$ mit dem gewöhnlichen irdischen, diesseitigen Leben (p. 133) wohl etwas zu wenig nuanciert. Siehe weiter unten eine genauere Qualifizierung der realisierten Eschatologie.

[16] Die anderen Stellen, die J. VITEAU 57 aufzählt, sind nicht beweiskräftig.

Finsternis, und geht am Gerichtstag für ewig zugrunde; „die aber den Herrn fürchten, werden an ihm Erbarmen finden und in der Gnade ihres Gottes leben. Die Sünder aber gehen zugrunde auf ewige Zeit" (v. 13).

Diese Texte erinnern an ähnliche Stellen im Johannesevangelium, wie z.B. 3,36: „Wer an den Sohn glaubt, hat ewiges Leben... wer aber dem Sohn nicht gehorcht, wird das Leben nicht schauen, sondern der Zorn Gottes bleibt auf ihm". „Wer mein Wort hört und dem glaubt, der mich gesandt hat, hat ewiges Leben und kommt nicht ins Gericht, sondern ist schon aus dem Tod ins Leben übergegangen" (5,24; cf. 6,58).

Wie in Johannes und auch schon in Qumran [17] ist die Heilswirklichkeit der Endzeit schon irgendwie hereingebrochen: wer das Gesetz befolgt, gottesfürchtig ist, ist schon jetzt des ewigen Lebens sicher. Zugleich aber sind sich, ebenso wie Qumran und Johannes, auch die PsSal bewußt, daß dieses ewige Leben erst Sache der Zukunft ist, das zu erwartende Erbe (14,10 „Leben erben"; cf. 12,6; das endzeitliche Erbe der Gottlosen 14,9; 15,10); als „Erbe" aber besteht es schon jetzt und haben schon jetzt die Gerechten einen berechtigen Anspruch darauf.

Die Spannung des Jetzt-schon und Noch-nicht hinsichtlich des ewigen Lebens ist ja auch für das Johannesevangelium charakteristisch, wo neben den genannten Stellen, nach denen der Gläubige schon im ewigen Leben ist und das Gericht schon hinter sich hat (PsSal 14,9 erwartet den Gerechten nicht der Gerichtstag, sondern der Gnadentag!), der Evangelist zugleich die Auferstehung von den Toten am Ende erwarten kann (5,28f; 6,39f.44.54): „Er *hat* das ewige Leben und ich *werde* ihn auferwecken am Jüngsten Tage".

Dieser Vergleich lehrt, daß die Vorstellung des ewigen Lebens als eines gegenwärtigen Gutes für die Gerechten nicht unvereinbar ist mit der Erwartung der Auferstehung, und daß in derart realisierter Eschatologie die Vollendung immer noch aussteht. Darum ist von hier aus die Deutung von PsSal 3,12 auf die Auferstehung der Toten noch nicht widerlegt: beide Auffassungen — das ewige Leben der Gesetzestreuen als gegenwärtiges Gut und als noch zu erwartendes Erbe — kann der Psalmendichter miteinander vereinen. Andere Gründe haben die traditionelle Deutung des Verses auf die Auferstehung von den Toten fragwürdig gemacht; trotzdem ist diese Deutung nicht kategorisch auszuschließen, bleibt sie noch möglich und hat auf Grund der typischen Formulierung noch einen gewissen Grad der Wahrscheinlichkeit. Jedenfalls dürften diese Ausführungen deutlich gemacht haben, wie gefährlich es ist, feste Vorstellungsschemen an diese Schriften heranzutragen.

b) Gesetzt den Fall, daß nun diese Stelle tatsächlich von einer Auferstehung von den Toten spricht, wie haben wir uns diese vorzustellen? Keine Stelle beschreibt den Tod des Menschen in einer Weise, daß wir

---

[17] Zur Eschatologie von Qumran siehe vor allem H.W. Kuhn, Enderwartung und gegenwärtiges Heil.

daraus erkennen könnten, wie dabei das Verhältnis von Leib und Seele gedacht ist. Ja, es gibt überhaupt keinen Hinweis auf den Zustand des Gerechten nach dem Tode (verliert wie in Johannes der physische Tod für den Psalmendichter jede Bedeutung, weil der Gerechte das eigentliche Leben, das ewige, schon hat?).

Unsere Betrachtung zur Anthropologie der PsSal hat jedoch ergeben, daß für diese wohl jegliches Leben leiblich, ein unleibliches Denken unmöglich war. Das bedeutet aber nicht, wie verschiedene Exegeten wollen,[18] daß die Leichen aus den Gräbern kommen und sich mit den Seelen wiedervereinen. Von einer solchen Auffassung haben wir bisher keine Spur gefunden. Nicht die Seele kommt aus dem Totenreich zurück und vereinigt sich mit ihrem Leib, sondern der Tote kommt zum Leben und wird damit auch wieder voll-leiblich. Der Wert, den man (auch in den PsSal) auf die Bestattung der Toten legt, hängt nicht mit der Hoffnung auf die Auferstehung dieses selben Leibes zusammen, sondern mit anderen Vorstellungen.[19]

Ist das Auferstehungsleben im Himmel zu denken? Der Text spricht nur vom Lichte Gottes und das bedeutet nicht notwendig den Himmel (cf. Is 2,5; 60,19; Spr 20,27). Im AT bedeutet das Licht Gottes ganz allgemein das glückliche Leben des Gerechten, seine Seligkeit, die er im Wandel in Gerechtigkeit, nach dem Gesetz, erlangt. Ist auch das Licht besonders Symbol der endzeitlichen Seligkeit, so ist damit noch nicht sein Ort bestimmt. Die unkonkrete Vorstellung des Himmels, wie wir sie in den PsSal antreffen, macht es wahrscheinlicher, daß das ewige Leben nicht im Himmel, sondern auf Erden ist. Die Frage nach dem Wie und Wohin der Auferstehung, so an eine solche tatsächlich gedacht ist, ist also aus der Gedankenwelt der PsSal so zu beantworten: der Psalmist sucht keine rationalistische Erklärung des Verhältnisses von Seele und Leib und wie sie wieder zusammenkommen könnten; Auferstehen bedeutet in dieser Gedankenwelt nicht Wiedervereinigung von Leib und Seele, sondern ein Wiederaufleben — wobei das neue Leben notwendig wieder leiblich ist — und Ort dieses neuen Lebens ist die Erde.

J. VITEAU fragt weiterhin, was mit dem Leib des Sünders geschieht, der nicht aufersteht,[20] und betont zu Recht, daß die PsSal keine Antwort

---

[18] Cf. oben Anm.7.
[19] Dahinter steht vor allem die Sorge, über den Tod hinaus seine Identität und die Gemeinschaft mit der Sippe zu bewahren. Jezabel wird nicht begraben, sondern von den Hunden gefressen, „damit man nicht sagt: das ist Jezabel" (2Kg 9,37). Man denke auch an die Sorge um die Familiengräber besonders in den Patriarchenerzählungen (z.B. Gen 47,29f; 49,29ff etc.). „Das Los der Abgeschiedenen hängt davon ab, was seinem Leib geschieht. Er muß ein Dach haben; ein Toter ohne Grab ist wie ein Mensch ohne Heim, er ist zu ewiger Wanderung verurteilt... und wird eine Gefahr für die Lebenden" (R. MARTIN-ACHARD, De la mort à la résurrection d'après l'AT, Neuchâtel-Paris 1956, 31). Cf. auch L. WÄCHTER, Der Tod im AT, Stuttgart 1967 und N. TROMP, Primitive Conceptions of Death and the Netherworld in the OT, Rom 1969.
[20] J. VITEAU 59.

auf diese Frage erlauben. Die AT-liche Vorstellung des Toten ist leiblich, wenn auch in unendlich verringerter Form, weil ja auch das „Leben" des Toten nur noch eine Schattenexistenz ist. Der Leichnam als solcher interessiert nur insofern, als sein Schändung und die Störung seiner Ruhe im Grabe dem Toten in der Unterwelt Pein zufügt. Sonst aber interessieren sich das AT und auch die PsSal nicht für die Leiche des Verstorbenen. Die Frage VITEAUS kommt letztlich aus unberechtigter Systematisierung, aus dem Streben, alles in ein gängiges Schema einzuordnen.

J. VITEAU fragt dann auch, was mit der Seele des Gerechten zwischen seinem Tod und der Auferstehung und dem allgemeinen Gericht geschieht. Er sieht, daß die Texte darauf nicht antworten, doch — meint er — „son âme continue sûrement sa vie, ...il semble qu'elle reste ici-bas, en continuant sa vie surnaturelle et spirituelle".[21] Diese Deutung ist typisch für den Drang zum System, die daraus folgende Eisegese, wo der Text nichts aussagt.

Im Grunde richtig bemerkt VITEAU dann: das Leben der Gerechten erfährt keine Unterbrechung oder wesentliche Änderung mit dem Tode oder nach dem allgemeinen Gericht; „cette même vie se continue ensuite dans l'autre monde, soumise à des conditions nouvelles; les justes „vivent", ils ne revivent pas, comme s'ils avaient perdu leur vie première pour en recevoir une nouvelle".[22]

Eine Eintragung in den Text ist hier nur das „in der anderen Welt", sowie auch wohl die Vorstellung, daß das ewige Leben „nach dem Tode" kommt. Wenn unsere Darstellung richtig war, erwägt der Dichter den Tod der Gerechten gar nicht, weil für ihn der Gesetzestreue schon das Leben hat; darum ist auch das Geschick des toten Gerechten (nicht: der Seele des Gerechten nach dem Tode) für ihn keine drängende, Antwort heischende Frage.

[21] J. VITEAU 60.
[22] J. VITEAU 61.

IV. Kapitel:

Die Testamente der zwölf Patriarchen

1) Einleitung: [1]

Die Ansichten über die Entstehungsgeschichte der TestXII haben in den letzten Jahren eine große Änderung mitgemacht. Seit der Jahrhundertwende — besonders unter dem Einfluß von F. Schnapp — war es fast allgemeine Meinung geworden, bekämpft nur von wenigen wie N. Messel,[2] daß die TestXII in der Zeit von Johannes Hyrkan, also in den letzten Jahren des zweiten Jahrhunderts v.Chr., hebräisch oder aramäisch geschrieben und später jüdisch und christlich interpoliert wurden.[3] M. de Jonge hingegen sah in den TestXII eine christliche Schrift, die jüdisches Material verwandete und zwischen 190 und 225 n.Chr. entstand; jüdische Testamente der *zwölf* Patriarchen hätten wahrscheinlich nie existiert.[4]

Unter dem Einfluß der Kritik [5] und von Qumran, wo Fragmente eines aramäischen TLev und eines hebräischen TNaph (beide waren früher schon

---

[1] Als Textausgaben wurden verwendet R.H. Charles, The Greek Versions of the Testaments of the Twelve Patriarchs; M. de Jonge, Testamenta XII Patriarcharum (von de Jonge selbst p. XV als editio minima bezeichnet, da nur MS b abgedruckt ist, mit minimalem kritischen Apparat). Zitate folgen meist der Ausgabe von de Jonge, gewöhnlich in der Übersetzung von F. Schnapp in Kautzsch II.

[2] N.Messel, Über die textkritisch begründete Ausscheidung vermeintlicher christlicher Interpolationen in den TestXII, Festschrift W.W. v. Baudissin, Giessen 1918, 355-374. „Die christliche Herkunft der Testamente der zwölf Patriarchen war lange Zeit hindurch unbestritten und hätte es immer bleiben sollen" (p. 355).

[3] F. Schnapp, in Kautzsch II 460, setzt allerdings ein viel späteres Datum für die jüdische Grundschrift an: 1. oder 2. Jh. n.Chr. Vgl. auch R.H. Charles, The Testaments of the Twelve Patriarchs in relation to the NT 111 - 118. Zur Forschungsgeschichte vgl. M. de Jonge, The Testaments of the Twelve Patriarchs 9 - 12. R. Eppel, Le piétisme juif und E. Bickermann, The Date of the Testaments of the Twelve Patriarchs, wollten eine vormakkabäische Entstehungszeit der TestXII annehmen; neuerdings so auch J. Thomas, Aktuelles im Zeugnis der zwölf Väter, in: Studien zu den TestXII, ed. W. Eltester, 62 - 150, p. 86.

[4] M. de Jonge, The Testaments of the Twelve Patriarchs, passim.

[5] A.S. van der Woude, Die messianischen Vorstellungen der Gemeinde von Qumran, Assen 1957 (zu den TestXII pp. 190-216); F.-M.Braun, Les Testaments des XII Patriarches; nicht überzeugend ist die Kritik von M. Philonenko, Les interpolations chrétiennes des Testaments des Douze Patriarches et les Manuscrits de Qumran, Paris 1960, der in den TestXII den Lehrer der Gerechtigkeit wiederfinden will (cf. die Rezension von M.-E. Boismard, RB 68 (1961) 419-423). Wegen des Interesses für unser Thema sei hier seine (Fehl-)Deutung von TBen 9,2-5 zitiert, das er vom Tod des Lehrers der Gerechtigkeit versteht: „Le premier Temple, c'est le Temple du corps humilié et outragé du Maître,

irgendwie bekannt) gefunden wurden,[6] hat de JONGE in späteren Veröffentlichungen seine Meinung umgeformt, sodaß derzeit sich fast wieder ein
Konsensus abzeichnet (mit Akzentverschiebungen hinsichtlich der Bedeutung der christlichen Bearbeitung).[7]

Um den Kern des TLev und des TNaph (Qumran!) und wohl auch
eines TJud entwickelte sich im ersten Jh.n.Chr. eine jüdische Sammlung
von TestXII, die zum Teil auf sehr alte, teils mit Jub gemeinsame Traditionen zurückgeht. Da sehr populär, erfuhr die Schrift ständige Uber-
arbeitungen, ein lebendiges Wachstum. Der christliche Übersetzer, der die
Schrift ins Griechische übertrug — falls nicht schon eine vorchristliche
griechische Fassung bestand, die ein Christ dann bearbeitet hätte[8] —
ging mit der Schrift ebenfalls ziemlich frei um und trug manche christliche
Gedanken ein (2.Jh.). Die textkritische Ausscheidung christlicher Gedanken
als Interpolationen ist ziemlich unmöglich: der christliche Bearbeiter hat
nicht grob interpoliert, sondern den ganzen Text neugefasst.[9]

M. de JONGE schrieb zwar anfänglich, daß „in the passages dealing
with the resurrection, the author has impressed very definite Christian
ideas on a Jewish original";[10] doch können wir die TestXII sicher als Zeugen

---

son corps de chair. Le second Temple, c'est son corps glorifié, son corps transfiguré, où
se rassembleront à la fin des temps toutes les nations" (p. 23). Der Text von TBen ist
ganz offensichtlich christlich bearbeitet; auch ist die Gleichung Tempel-Leib hier
durchaus nicht angedeutet.

[6] J.T. MILIK, Le Testament de Lévi en Araméen, RB 62 (1955) 398-406; P. GRELOT, Notes
sur le Testament Araméen de Lévi (Fragment de la Bodleian Library, colonne a), RB
63 (1956) 391-406; idem, Le Testament araméen de Lévi est-il traduit de l'hébreu?, REJ
14 (1955) 91-99. Cf. auch A.M. DENIS, Introduction 52f. 57f referiert er die verschiedenen
Meinungen über den Abfassungsort: während nach de JONGE und F.M. BRAUN der Autor
Palästina kaum zu kennen scheint — so jetzt auch J. BECKER, Untersuchungen — ist das
Werk nach SCHÜRER und EPPEL dort geschrieben (wegen der angenommenen hebräischen
Ursprache).

[7] M. de JONGE, The Testaments of the Twelve Patriarchs and the NT; Christian
Influence; Once more: Christian Influence. De JONGE selbst betont seinen wesentlichen
Konsensus mit F.-M. BRAUN (Once more 313) und van der Woude (Christian Influence
185). F.-M. BRAUN, Les Testaments 517, zitiert für de JONGES Position J.T. MILIK, J.
SCHMITT, J. CARMIGNAC, J. DANIELOU. Zur Forschungsgeschichte siehe J. BECKER, Unter-
suchungen 129-154.

[8] J. BECKER, Untersuchungen 373-376, rechnet mit einem griechischen Original, ver-
fasst in einem semitisierenden Griechisch, nicht einem Übersetzungsgriechisch. Nur
in Einzelfällen gehen Stücke auf den semitischen Sprachbereich zurück.

[9] A. JAUBERT, La notion de l'Alliance 268f, spricht von einem jüdischen Werk, „parfois
interpolé, parfois refondu, souvent infléchi et comme incurvé dans un sens chrétien".
J. BECKER, Untersuchungen, hat hingegen wieder den Versuch unternomen, die einzelnen Schichten in TestXII zu bestimmen und eine Grundschrift herauszuarbeiten,
die im hellenistisch-jüdischen Bereich erweitert und schließlich christlich redigiert
wurde. BECKER hat sicher viel Richtiges gesehen, wenn auch die genaue Zuteilung der
einzelnen Verse auf die verschiedenen Entstehungsstadien wohl doch den Enstehungs-
vorgang der TestXII zu sehr vereinfacht. Siehe die Rezension der Arbeit BECKERS durch
M. de JONGE in JSJ 1 (1971) 187f.

[10] M. de JONGE, The Testaments 96. De JONGES methodische Voraussetzung, daß die
jüdische Herkunft eines Abschnittes positiv bewiesen werden muß und nicht die
christliche (Once more 313.317), als deren Folge man die TestXII kaum zur Illustration
des jüdischen Hintergrundes des NT verwenden könne (The TestXII and the NT 551)
ist übertrieben, wenn auch die Warnung an sich zu Recht besteht.

für die jüdische Auferstehungslehre verwenden: die christliche Bearbeitung, soweit eine solche vorliegt, betrifft die Rolle Christi bei Auferstehung und Gericht sowie seine Menschwerdung, nicht aber die wesentliche Vorstellung der Auferstehung selbst. In dieser Vorstellung bringen die TestXII eigentlich nichts wesentlich Neues gegenüber 1Hen oder auch 2Makk; daß die Rolle der Patriarchen bei der Auferstehung besonders betont wird, liegt ja in der Eigenart der Schrift.

Nach J. BECKER enthielt die Grundschrift der TestXII keine Auferstehungsaussagen; diese seien vielmehr im zweiten Entwicklungsstadium der TestXII hinzugekommen, in der Zeit zwischen 170 v. und dem 1.Jh.n.Chr. (BECKER setzt die Grundschrift auf 200-170 v.Chr.an), zusammen mit anderem Material, wie homiletischen Stücken und poetisch geformten Apokalypsen. Jedenfalls hält BECKER sämtliche Auferstehungsaussagen für jüdisch.[11]

2) Die Auferstehung:

Alle Testamente schildern, wie die Söhne Jakobs ihre Familien an ihrem Sterbelager versammeln, um ihnen, illustriert durch ihre eigenen Lebenserfahrungen, sittliche Belehrung zu geben. Abschließend sprechen sie gewöhnlich über die Zukunft des Stammes, über Sünde, Exil und Rückkehr. In diesem Zusammenhang bringen vier Testamente Aussagen über die Auferstehung. Diese Stellen bieten keine besonderen Schwierigkeiten in der Auslegung, die Auferstehung ist in ihnen die Rückkehr auf Erden.[12]

Der ausführlichste Text ist TBen 10,6-10: „Dann werdet ihr Henoch, Noah, und Sem und Abraham und Isaak und Jakob sehen, wie sie auferstehen zur Rechten in Frohlocken. Dann werden auch wir auferstehen, ein jeder über seinen Herrschaftsbereich... Dann werden auch alle auferstehen, die einen zur Herrlichkeit, die anderen zur Schande. Und der Herr wird zuerst Israel richten... und dann wird er alle Heiden richten".

Der Text, nach J. BECKER ein in den Grundstock eingefügtes apokalyptisches Stück,[13] lehrt eine allgemeine Auferstehung nach dem Vorbild von Dan 12. Mit der Reihenfolge der Auferstehenden vergleiche man 1Kor 15,23-28. An sich ist aus diesem Text nicht eindeutig, ob der Ort des Auferstehungslebens die Erde ist, wie das *epi sképtron hēmōn* anzudeuten scheint (es muß aber nicht unbedingt so verstanden werden!). Im jetzigen Zusammenhang des Textes könnte man aber auch an den Himmel denken, wie v. 11 „und ganz Israel wird zum Herrn versammelt werden" andeuten könnte (aber nicht muß).

---

[11] J. BECKER, Untersuchungen 325f und 373-376.
[12] Cf. R.H. CHARLES, Eschatology 234; G.F. MOORE II 308.
[13] J. BECKER, Untersuchungen 253-256; V. 11 schließt nahtlos an v. 5 an.

Die Frage nach dem Ort des Auferstehungslebens ist klarer in TZab 10,2,[14] wo Zabulon die Seinen auffordert, nicht zu trauern: „Denn ich werde wieder auferstehen in eurer Mitte, als Herrscher inmitten seiner Söhne, und ich werde mich freuen inmitten meines Stammes, soviele das Gesetz des Herrn und die Gebote Zabulons ihres Vaters beachteten". Hier ist das Auferstehungsleben eindeutig auf Erden gedacht.

Auch TSim 6,2.7 ist hier zu nennen. J. BECKER vermutet in 6,3-7 ein ehedem jüdisches apokalyptisches Stück, das ursprünglich vielleicht se- mitisch abgefaßt war. V. 7, der von der Auferstehung spricht, sei erst bei der Einfügung der kleinen Apokalypse durch den jüdischen Redaktor entstanden, der damit auf v. 2 zurückführen wollte.[15] Wenn Simeons Söhne den Neid ablegen, so heißt es v. 2, „so werden meine Gebeine in Israel wie eine Rose blühen und wie eine Lilie mein Fleisch in Jakob, und mein Duft wird sein wie der Duft des Libanon, und sie werden sich mehren von mir wie heilige Zedern auf ewige Zeiten und ihre Zweige werden sich weithin erstrecken". Dann wird das Land Frieden haben und die Menschen werden herrschen über die bösen Geister. Soweit könnte man den Text ohne Anspielung an die Auferstehung verstehen: Simeon wird in seinem Stamm aufblühen — er lebt somit in seiner Nachkommenschaft machtvoll weiter. Doch dann fügt v. 7 hinzu: „dann werde ich in Frohlocken auferstehen und den Höchsten in seinen Wundertaten preisen". Das Erstarken seines Stammes ist irgendwie als Vorwegnahme seiner Auferstehung verstanden, insofern der Stamm ihn vertritt. Inmitten seines Stammes wird dann der auferstandene Simeon herrschen, wenn er nach Befriedigung der Erde selbst wieder kommt.[16]

---

[14] J. BECKER 168f betrachtet TZab 10,2f als Einschub in den Grundtext. J. JERVELL, Ein Interpolator interpretiert, in: Studien zu den TestXII, ed. W. ELTESTER, 30-61, stellt fest, daß die zweite slawische Rezension der TestXII die Aussagen über die Auferstehung der Patriarchen als Herrscher über die Stämme TZab 10,2; TSim 6,7 und TJud 25 nicht enthält (p. 51 Anm. 47). Dieses Argument verstärkt sicher die These von J. BECKER.

[15] J. BECKER 330-334.

[16] Zum Ausdruck „aufblühen" in TSim 6,2: Is 66,14 verheißt: „eure Gebeine werden aufsprossen (tifrachna) wie das Gras". Sir 39,13f verwendet ähnliche Ausdrücke wie TSim von den Gerechten: „Höret mich, meine frommen Kinder, und ihr werdet wachsen wie die Rose... Wie Weihrauch breitet aus Wohlgeruch, blühet wie die die Lilie...". Ferner ist hier Sir 46,12;49,10 zu nennen, wo es von den Großen der Geschichte Israel heißt: „Ihre Gebeine mögen aufsprossen aus ihrer Ruhestätte" (ta osta autōn anathaloi ek tou topou autōn). Hier geht es um das Nachleben in den Söhnen, wie ja auch TSim 6,2 ursprünglich wohl verstanden war. Direkt von der Auferstehung verwendet der Talmud den Ausdruck: Sanh 90b fragt Kleopatra R. Meir: „Ich weiß, daß die Toten aufer- stehen werden, denn es heißt: Sie werden aus der Stadt hervorblühen wie die Pflanzen der Erde (Ps 72,16); werden sie aber nackt auferstehen oder mit den Gewändern?", worauf Meir mit dem bekannten Gleichnis vom Weizenkorn antwortet. MidrPs 1,20 (ed. S. BUBER p. 20, cf. die Übersetzung von W. BRAUDE und seine Umstellung des Textes) ist hier ebenfalls anzuführen: „Unsere Rabbis lehrten, daß die Erde sagte: Ich bin die Rose von Scharon. Ich bin die Geliebte, in deren Schatten alle Toten der Welt verborgen sind. Doch wenn der Heilige, gepriesen sei er, es von mir verlangt, werde ich ihm zurückgeben, was er bei mir hinterlegt hat, wie es heißt... (Is 26,19), und ich werde blühen wie die Rose". KohRabba 12,5 heißt es: „aus welchem Körperteil wird der Mensch hervorblühen? » (bei der Auferstehung). Es gibt also eine festgeprägte sprach-

Der vierte Auferstehungstext ist TJud 25,1.4: Nach J. BECKER ist 25,1f, das sich in der Heilserwartung von 24,6 und 23,5 unterscheidet, als Nachtrag eingefügt worden, der seinerseits die rhythmisch gegliederte Apokalypse 3 -5 an sich gezogen hat.[17] „Und hierauf werden Abraham und Isaak und Jakob zum Leben auferstehen, und ich und meine Brüder werden Herrscher unserer Szepter in Israel sein, Levi zuerst, der zweite ich, der dritte Josef, der vierte Benjamin, der fünfte Simon, der sechste Issachar und so alle nach der Reihe". Daran fügt sich der Gedanke des kleinen apokalyptischen Gedichts: „Die in Trauer starben, werden in Freude auferstehen / Die um des Herrn willen Armen werden reich werden / Die um des Herrn willen starben, werden zum Leben auferweckt werden" (v. 4). Dann wird Israel in Freude sein und den Herrn preisen, während die Gottlosen trauern. Auch hier ist die Auferstehung als eine Rückkehr auf Erden gedacht.[18]

Hier können wir auch zwei Texte erwähnen, die zwar nicht von der Auferstehung sprechen, diese aber, gesehen im Zusammenhang mit den vorgenannten Stellen, voraussetzen: TLev 18 und TDan 5. TLev 18 schildert, wie am Ende der Herr einen neuen Priester erwecken wird, und wie er auf Erden verherrlicht wird, wo er Gericht hält, und wie eine sündelose Zeit anbricht. „Dann wird Abraham jauchzen und Isaak und Jakob. Und ich werde mich freuen, und alle Heiligen werden Frohlocken anziehen" (18,4).[19] Die Erzväter waren schon in den Auferstehungstexten von TBen genannt, und die Freude ist dort mit der Auferstehung verbunden. TDan 5,11f verheißt für das Ende, daß Beliar die gefangenen Seelen der Heiligen abgenommen werden und die Ungehorsamen sich zum Herrn zurückwenden, sodaß im neuen Jerusalem ewige Freude herrscht. Dieser Text, wenn ursprünglich (früher wurde er gewöhnlich als Interpolation betrachtet), könnte ebenfalls die Auferstehung voraussetzen.[20]

Im Wissen um die lange Geschichte der Tradition der TestXII ist es besonders wichtig festzustellen, daß der Auferstehungsgedanke, auch wenn die These BECKERS vom Fehlen der Auferstehung in der Grundschrift richtig ist, keine zusammenhanglos der Schrift aufgepfropfte Idee ist, sondern auf den Grundvorstellungen der TestXII beruht. Wir verweisen hier vor allem auf die hebräische Anthropologie als Voraussetzung und auf die Bedeutung, die dem Begräbnis zugemessen wird. Auch hier ist wieder zu betonen, daß nicht der Leib aus dem Grab kommt und sich mit der

---

liche Tradition, die von der Auferstehung als Aufblühen redet. Ursprünglich dürfte dahinter kananäischer Volksglaube stehen, das Sterben und Wiederaufleben der Natur als Ansatzpunkt für den Auferstehungsglauben; man denke an das neue Leben in Os 6,2f und Is 26,19 durch den Tau, den Gott sendet.

[17] J. BECKER 323-325. V. 4 zitieren wir in der Übersetzung BECKERS.

[18] Zum Ausdruck *exypnisthēsontai* in v.4 vgl. Joh 11,11 von Lazarus: *exypnisō auton*.

[19] M. de JONGE, Christian Influence 208, bezeichnet TLev 18 in seiner jetzigen Form als christlich, gibt aber zu, daß es Elemente von Qumran oder einer ähnlichen Gruppe enthalten mag.

[20] So P. VOLZ, Jüdische Eschatologie 242.

geistigen Seele vereint, sondern daß der ganze verstorbene Mensch zu leiblichem Leben auf Erden zurückkehrt.

a) *Zur Anthropologie:*

Weit mehr als frühere jüdische Schriften sind die TestXII an psychologischen Fragen interessiert und zeigen dabei, wie tiefgehend für sie die Einheit des Leibes mit der Seele ist. Am deutlichsten ist TNaph 2,2f: „Denn wie der Töpfer das Gefäß kennt, wieviel es faßt und zu ihm Ton hinzuträgt, so macht auch der Herr nach der Ähnlichkeit des Geistes (*pneuma*) den Leib (*sōma*), und nach der Kraft des Leibes setzt er den Geist ein und es entspricht eines dem anderen bis auf den dritten Teil eines Haares". Von einem echten Dualismus kann man hier trotz der Gegenüberstellung von Leib und Geist nicht reden.[21] V. 8 fährt dann fort: „Denn alles hat Gott in Ordnung gut gemacht, die fünf Sinne in den Kopf... eine Leber zum Zorn, eine Galle zur Bitterkeit, zum Lachen eine Milz, Nieren zur List, Lenden zur Kraft..." (cf. das hebräische TNaph 10).[22]

Die Entsprechung von Leib und Seele finden wir wieder in TSim 5,1, wonach Josef „lieblich von Gestalt und schön von Angesicht war, denn es wohnte in ihm nichts Böses". Auch zu den anderen Gedanken lassen sich etliche Parallelen anführen: Leber und Galle als Sitz der Streitsucht TRub 3,4; TSim 2,7; die Eingeweide als Ort des Mitleids und des Gefühls TSim 2,4 und öfter. Es ist nicht notwendig, die Beispiele zu vermehren. R. EPPEL spricht treffend von einer „véritable anatomie psychologique".[23]

Vielfach steht „Seele" für das Personalpronomen (z.B. TBen 4,5; 5,5) oder bedeutet „Leute" (TJos 13,1). Aber auch das „Fleisch" kann das Personalpronomen vertreten (z.B. Textvarianten zu TNaph 1,4). Bezeichnend ist TJud 19,2, wo die MSS als Variante für „die Umkehr meines Fleisches und die Erniedrigung meiner Seele" bieten: „Meine Umkehr und meine Erniedrigung" (für uns ist es hier ohne Bedeutung, welche Form ursprünglich ist).

Trotzdem scheint die ganzheitliche Auffassung des Menschen, in der sich Leib und Seele des Menschen gegenseitig bedingen und durchdringen, nicht mehr unproblematisch zu sein. Während z.B. in den PsSal nur einmal *sōma* vorkommt, scheint es in den TestXII dreizehn (oder vierzehn) mal auf, davon achtmal zusammen mit *psychē*. Nur in TAs 2,7 ist dabei von Leib und Seele Verschiedenes ausgesagt: es gibt Menschen, „die die

---

[21] Nach J. BECKER 214-216 ist TNaph 2,2 - 4,5 ein aus verschiedenen unabhängigen Traditionen gebildeter Einschub in die Grundschrift. Dem dualistischen Stück 2,2-7.10; 3,1 stehe 2,8f; 3,2-5 ein Stück unter dem Thema der *taxis* gegenüber. Der für die Redaktion von TNaph 2f verantwortliche Autor hat hier jedenfalls keinen unvereinbaren Gegensatz gesehen.

[22] Zum Verhältnis des hebräischen TNaph zum griechischen cf. M. de JONGE, The Testaments 52ff: sie gehen auf eine gemeinsame Quelle zurück. In der jetzigen Form ist das hebräische TNaph spät.

[23] R. EPPEL 114.

Seele beflecken und den Leib glänzend machen". Das ist zwiegestaltig und davor warnt der Autor (3,1). Sonst sagen diese Stellen immer von Leib und Seele Gleiches oder Gleichwertiges aus (z.B. TSim 2,5; 4,8.9).

Wiesehr Leib und Seele nicht nur parallel sind, sondern direkt ineinander übergehen, zeigt TDan 3,2f: Der Zorn „macht sich den Leib zu eigen und beherrscht die Seele. Und er verleiht dem *Leibe* eine eigene Kraft, jede Schlechtigkeit zu tun. Und wenn die *Seele* sie getan hat, rechtfertigt er (=der Zorn) sie". Es ist also wohl gegenüber anderer Meinung, daß der Autor besonders betont, daß Leib und Seele zusammengehören und einander entsprechen. Zwiegestaltigkeit ist unnatürlich (TAs).[24]

Es dürfte klar sein, daß in solcher Denkweise alles Sein leiblich ist,[25] und daß da die Unsterblichkeit einer unleiblichen Seele undenkbar ist.

b) *Tod und Begräbnis:*

Dieselbe Einsicht bringen die Aussagen über Tod und Begräbnis der Patriarchen, die stark von ATlichen Vorbildern (Gen 48-50) geprägt sind. Die Patriarchen „entschlafen zu den Vätern" (TSim 8,1), oder werden „zu den Vätern versammelt" (TLev 19,4), „schlafen den ewigen (oder: schönen) Schlaf" (TIss 7,9; cf. TZab 10,6; TDan 7,1; TGad 8,4 „schlafen in Frieden"), „gehen wie die Väter in die Ruhe ein" (TZab 10,4). „Zu den Vätern versammelt werden", bzw. „entschlafen" ist nicht rein bildhaft zu verstehen wie die Formel „ich gehe den Weg meiner Väter" (TRub 1,3). Wie im AT ist an eine wirkliche Gemeinschaft mit den Vätern in der Unterwelt gedacht, und diese Gemeinschaft findet ihren Ausdruck und ihre Voraussetzung im Familiengrab (dieses ist aber für die Vorstellung nicht unbedingt notwendig: das AT verwendet die Formel auch da, wo der Verstorbene nicht bei seinen Vätern beerdigt wurde).

Der Tod ist „ewiger", „schöner Schlaf", „Schlaf in Frieden", was wiederum nicht gezierte Umschreibung bitterer Tatsache ist, sondern tatsächlich den Zustand der Schatten in der Totenwelt beschreibt (cf.

---

[24] B. Otzen, Die neugefundenen hebräischen Sektenschriften und die TestXII, StTh 7 (1953f) 125-157, schreibt gut zur Anthropologie der TestXII: obwohl „die Begriffe Seele und Leib einander oft gegenbergestellt werden, gibt es doch keinen unüberbrückbaren Gegensatz zwischen ihnen. Seele und Leib werden als zwei — natürlich wesensverschiedene — Ausdrucksformen der Persönlichkeit betrachtet; sie werden meist ganz undualistisch nebeneinander gestellt und als Parallel- oder Korrelatbegriffe behandelt" (137f). „Seele und Leib werden harmonisch auf einander abgestimmt; es *soll* nicht wie in den gnostischen Systemen ein verzweifeltes Mißverhältnis zwischen ihnen bestehen" (138). R. Eppel 87 deutet TAs 6,5, wo das Sterben ein „Weggehen" der Seele genannt wird, zu Unrecht als Verlassen des Leibes durch die Seele. Der Leib ist hier nirgends genannt; die „Seele" ist der ganze Mensch. Daher ist auch seine Meinung zu TAs 6,5f abzulehnen (p. 108f), das er deutet als „une conception tout à fait différente de l'eschatologie de la résurrection et par son origine et par son développement. En fait il n'y est question que de survie de l'âme et non d'une restauration des corps" (ebenso J. Becker 405).
[25] Cf. R. Eppel 65.71 zur Materialität der himmlischen Welt in den TestXII.

Is 14,9); der als Schlaf bezeichnete Tod ist Tod auf Auferstehung hin, wie das *exypnizein* von TJud 25,4 verdeutlicht.

Die Vorstellung des Schlafes ist nun mit dem Gedanken, daß die *nefesch* den Schlafenden verläßt, nicht unvereinbar.[26] Das Erwachen setzt in diesem Fall ihre Rückkehr voraus (cf. 1Kg 17,22, wo Elias den Sohn der Witwe erweckt: „die *nefesch* des Knaben kehrte in ihn zurück und er erlangte Leben"). Doch wo diese Vorstellung des Schlafes auf den Tod übertragen wird, muß die Wiederbelebung bald (nach späterer Anschauung innerhalb von drei Tagen) eintreten, solange die *nefesch* sich noch um den Leichnam befindet, solange dieser selbst noch *nefesch* ist. In unserem Fall, wo der Zwischenraum zwischen dem Tod der Patriarchen und ihrer erhofften Auferweckung so lange ist, daß man von „ewigem Schlaf" reden kann, ist die Wiedervereinigung mit demselben Leibe wohl nicht mehr denkbar. Der Tote als ganzer, also auch irgendwie leiblich, wenn auch sein Fleischesleib inzwischen vermodert ist, schläft in Frieden, und wenn er erwacht, ist er eben in voller Leiblichkeit in dem neuen Leben, da es ohne Leib kein Leben gibt.

Nun könnte allerdings die Betonung des Begräbnisses doch in diese Richtung weisen, daß also tatsächlich der verstorbene Leib wieder auferstehen soll. Alle Patriarchen verlangen, in Hebron begraben zu werden, in der Doppelhöhle an der Seite Abrahams, Isaaks und Jakobs, zu den Füßen ihrer Väter (wohl auch Josef, obwohl nicht ausdrücklich gesagt). Darum legen ihre Söhne sie in einen Sarg „von Holz, das nicht fault" (TSim 8,2), um ihre Gebeine zu gegebener Zeit ins Patriarchengrab zu bringen.

Interessant ist der Befehl Judas: „Niemand soll mich in einem kostbaren Gewand begraben oder meinen Leib aufschneiden (*tēn koilian mou anarēxei*), denn das sollen die Herrscher tun" (TJud 26,3). Die Begründung, daß Begräbnis in kostbarem Gewand und Einbalsamierung den Herrschern vorbehalten ist, scheint nicht recht am Platz, da doch Juda selbst darauf besteht, daß er herrschen und aus ihm das Königtum erstehen werde (TJud 17,5f). Will der Vers gewisse Begräbnispraktiken ablehnen (Gen 50,26 wird Josef einbalsamiert!)? Oder will er, wie manche Rabbinen gegen übertriebenen Luxus beim Begräbnis protestieren, wie z. B. R. Gamaliel und R. Jehuda der Patriarch, ein Luxus, der seinerseits in der Anschauung begründet war, daß der Tote so auferstehen werde, wie er begraben wurde[27]? Auch ein Text des Pseudo-Phokylides[28] ist hier anzuführen, wonach man den Toten nicht sezieren soll, der doch aus der Erde

---

[26] Der Parallelismus zwischen dem Erwachen vom Schlaf und der Auferstehung geht deutlich hervor aus dem Gebet, das der Jude beim Erwachen vom Schlaf verrichten soll: „Gepriesen seist du, Herr, der den toten Körpern die Seelen wiederkehren lässt" (Ber 60b).

[27] Für rabbinische Belegstellen siehe R. MACH, Der Zaddik 195-7.

[28] Hellenistischer Jude aus Alexandria im 1. Jh. n.Chr. Text in Anthologia Lyrica Graeca, Fasc. 2, ed. E. DIEHL - R. BEUTLER, Leipzig ³1950. Cf. P. VOLZ, Jüdische Eschatologie 244; A.M. DENIS, Introduction 215-219.

wieder ans Licht kommen, also auferstehen soll (vv. 102ff *ou kalon harmoniēn analyemen anthrōpoio*).

Was immer das Motiv ist, geht aus diesem Text hervor, daß es den Patriarchen nicht um die Bewahrung ihres sterblichen Leibes an sich geht (wie in Ägypten, wo die Auferstehungshoffnung ihren Ausdruck in der Einbalsamierung und im Begräbnisprunk fand). Wichtig für sie ist nur, daß ihre Gebeine im Familiengrab beigesetzt werden; denn das Auferstehungsleben soll eine Wiederherstellung der Sippen— und Stammesgemeinschaft sein und wird dadurch vorbereitet, daß die Toten „zu den Vätern versammelt werden". Auch herrscht wohl die Meinung, daß es außerhalb Israels keine Auferstehung gibt (cf. später den Ausspruch R. Eleasars: „Die Toten, die außerhalb des Landes sind, werden nicht leben" Ket 111a).

Es geht nicht darum, daß die Leichen aus ihren Gräber hervorkommen, um mit ihren Seelen vereint zu werden: das Grab ist gewissermaßen das persönliche Tor des einzelnen in die Unterwelt, durch das er auch wieder herauskommen wird, sobald es sich wieder öffnet. Wie dabei das Verhältnis der Leiche zum Toten gedacht war, ist schwer zu sagen: beide stehen noch in Verbindung (daher die Angst vor der Leichen- oder Grabschändung); mehr ist nicht festzustellen. Erst später entwickelt sich der Gedanke, daß ein Teil des Körpers, ein Stück der Wirbelsäule, unverweslich ist,[29] um so die leibliche Identität des Auferstandenen mit dem Verstorbenen sicherzustellen. In den TestXII ist noch kein so materielles Identitätsprinzip vorausgesetzt: wenn der Mensch bei der Auferstehung wieder in derselben Körperlichkeit erscheint, beruht das auf der vollkommenen Entsprechung von *pneuma* und *sōma*, von Leib und Seele (TNaph).

Somit lehren die TestXII die Auferstehung in der Form der Rückkehr des (natürlich leiblichen) Menschen auf Erden. Sein Leib wird gleich dem sein, den er in seinem Erdenleben hatte, da ja Leib und Geist einander vollkommen entsprechen — es wird aber nicht der wiederhergestellte verstorbene Fleischesleib sein; für diese Vorstellung fehlen noch die anthropologischen Voraussetzungen.

---

[29] Cf. R. MACH, Der Zaddik 197f, und P. VOLZ, Jüdische Eschatologie 251.

V. Kapitel:

Das vierte Buch Esra

4Esra[1] stammt aus der Zeit nach dem Fall Jerusalems, wohl 90-100 n.Chr., vielleicht auch etwas später. Ursprünglich hebräisch oder aramäisch geschrieben,[2] wurde das Werk wohl ins Griechische übertragen[3] und erst von da aus ins Lateinische und mehrere andere Sprachen übersetzt. Der Autor, gut vertraut mit biblisch-rabbinischer Denkweise, hat verschiedene apokalyptische Traditionen, mündlich und/oder schriftlich, übernommen und für seine theologische Problematik (Theodizee) verarbeitet.[4] Die enge Verwandtschaft mit 2Bar (literarische Beziehungen) ist noch immer nicht zufriedenstellend geklärt; doch ist es wahrscheinlich, daß der Autor von 2Bar 4Esra benützte und nicht umgekehrt.[5] Auch das Verhältnis von 4Esra zu Pseudo-Philos LAB ist nicht sicher zu bestimmen.[6]

---

[1] Als Textausgaben wurden verwendet: B. VIOLET, Die Esra-Apokalypse; L. GRY, Les dires prophétiques d'Esdras. Beide Augaben bieten neben dem lateinischen Text in parallelen Spalten Übersetzungen der anderen Versionen. GRYs Übersetzung (des „Originals") ist arbiträr. Der lateinische Text allein findet sich auch in Biblia Sacra iuxta Vulgatam Versionem, recensuit R. WEBER, vol. II 1931-1974, Stuttgart 1969.

[2] Die meisten nehmen einen hebräischen Urtext an, so z.B. H. GUNKEL (Einleitung und Übersetzung von 4Esra in KAUTZSCH II), B. VIOLET, Die Esra-Apokalypse; G.H. BOX, The Ezra-Apocalypse XIII-XIX, und H. KAMINKA, Beiträge zur Erklärung der Esra-Apokalypse 4. L. GRY, Les dires prophétiques, ist für ein aramäisches Original; J. BLOCH, The Ezra-Apocalypse, was it written in Hebrew, Greek or Aramaic?, JQR 51 (1960f) 107-134, sucht die Evidenz damit zu erklären, daß ein hebräischer Text zuerst ins Aramäische und von da ins Griechische übertragen wurde.

[3] Daß die vorhandenen Versionen von einer griechischen Übersetzung abstammen, wird ziemlich allgemein angenommen; bezweifelt wird es von J. BLOCH, Was there a Greek Version of the Apocalypse of Esra?, JQR 46 (1955f) 309-320. A.M. DENIS, Fragmenta Pseudepigraphorum quae supersunt graeca 130-132, bietet die griechischen Väterzitate von 4Esra.

[4] R. KABISCH, Das vierte Buch Esra auf seine Quellen untersucht, hat eine Quellen-theorie aufgestellt, die auch von R.H. CHARLES, G.H. BOX und L. GRY in verschiedenen Varianten übernommen wurde. Dagegen wenden sich besonders H. GUNKEL (in KAUTZSCH II), B. VIOLET und J. KEULERS, Die eschatologische Lehre 41-55.

[5] Für die Abhängigkeit des 2Bar von 4Esra cf. H. GUNKEL in KAUTSCH II 351; B. VIOLET II p. LV, W. HARNISCH 11 Anm.1. F. ROSENTHAL, Vier apokryphische Bücher, findet in 4Esra Ideen von R. Elieser b. Hyrkanos (p. 12) und eine Verehrung für die Schule Jochanan b. Zakkais (p. 40). G.H. BOX, The Ezra-Apocalypse LXVIII (ebenso in CHARLES II 553), sieht in 4Esra ein frühere schammaitische Schule von Apokalyptikern; 2Bar, eine Antwort auf 4Esra, sei unter dem Einfluß von Akiba und stelle mehr die Richtung dar, die später das orthodoxe Judentum wurde.

[6] Cf. M.R. JAMES, The Biblical Antiquities 46-58 zu den Parallelen mit LAB. Beide Schriften entstammen demselben Kreis.

4 Esra 7, 32

Den klarsten Ausdruck der Auferstehungshoffnung in 4Esra finden
wir in 7,32, also in der dritten der sieben Visionen (6,35-9,25), wo das
Theodizeeproblem in der Aussicht auf das Endgericht seine Lösung findet.
Um die Ausdeutung dieses Verses werden wir die verschiedenen Probleme
gruppieren, die die Auferstehungsfrage in 4Esra stellt.

Die Szene 7,26-44 schildert das Anbrechen der Endzeit und das kommende Gericht. In jener Zeit wird die unsichtbare Stadt und das jetzt
verborgene Land erscheinen (7,26), und es wird das messianische Reich
anbrechen, das 400 Jahre dauert (7,27-29).[7] Nachher sinkt die Welt zurück
in das siebentägige Urschweigen, wo niemand übrigbleibt (7,30). „Et erit
post dies septem et excitabitur qui nondum vigilat saeculum et morietur
corruptum" (7,31).[8] Darauf folgt der für uns wichtigste Vers 7,32:

> "Et terra   reddet   qui in eam dormiunt
>   et pulvis   qui in eo silentio habitant
>   et promptuaria reddent   quae eis commendatae sunt animae".

Die folgenden Verse 7,33-44 sprechen vom Gericht.

1) Der Aufbau von 7,32:

7,32 ist ein dreigliedriger Satz, dessen zwei erste Teile zueinander
parallel sind (synonymer Parallelismus): terra und pulvis sind einander
gleichbedeutend, ebenso dormiunt und silentio habitant.[9] Der dritte Teil
scheint etwas Neues hinzuzufügen (synthetischer Parallelismus): nicht
mehr das Relativpronomen, sondern animae ist Objekt.[10] Mit 1Hen 51,1
haben wir den Vers schon verglichen. Dort war in drei parallelen Versen
stets dasselbe ausgesagt; hier hingegen führt das dritte Glied offenbar
weiter.

---

[7] In Sanh 99a gibt R. Dosa die Dauer der messianischen Zeit ebenfalls mit vierhundert Jahren an, entsprechend den vierhundert Jahren der Knechtschaft (aus Kom-
bination von Gen 15,13 und Ps 90,15).

[8] Corruptum ist vielleicht als corruptibile zu verstehen: so G.H. Box, The Ezra-
Apocalypse 119, der auf 1Kor 15,26 verweist.

[9] „silentio habitant" übersetzt A. Hilgenfeld, Messias Judaeorum, in seiner grie-
chischen Wiedergabe von 4Esra mit hēsychazontas; ebenso G.H. Box 119, nach dem der
Ausdruck den Sinn der syrischen (dormiunt) und der äthiopischen Übersetzung des
Verses (quieverunt) vereint, „Schweigen" und „Ruhe" zugleich ausdrückt.

[10] Das Verbum ist nur im ersten und dritten Teil, doch ist das ziemlich üblich
und mag weiter nichts bedeuten: B. Violet II 75.

2) Qui — animae:

Darf man nun sofort in den ersten beiden Gliedern den Leib sehen, als Gegensatz zur Seele im dritten Glied?[11] Das Relativpronomen bezeichnet doch den ganzen Menschen, nicht nur den Leib! Ebenso passen die Verben „schlafen", „wohnen" doch nur auf eine Person. Somit wäre der Gedanke, daß bei der Auferstehung Leib und Seele sich wiedervereinen, sehr unvollkommen ausgedrückt. Man müßte da wohl eher sagen: der Mensch bekommt seine Seele wieder.

Schon R. KABISCH hat das Problem gesehen: „eins von beiden kann mit den Toten nur der Fall sein: entweder sie schlafen in der Erde, — dann ist ihre Lebensfähigkeit beim Körper weilend gedacht, — oder sie wohnen als Seelen in den Seelenkammern. Denn die Richtung, welche das letztere annimmt, denkt dieselben bereits mit einer Leiblichkeit angethan, die eine Empfindung der Seligkeit oder der Qual, die ihnen bestimmt ist, ermöglicht, sodass eine Auferstehung der Leiber überflüssig, ja mit ihrem gegenwärtigen Zustand unvereinbar erscheint".[12]

R. KABISCH sieht die Lösung darin, daß der Redaktor von 4Esra zwei Quellen vereint habe, deren eine die Auferstehung der Toten und die andere die Unsterblichkeit der Seele gelehrt habe.[13] Die Quellentheorie, die KABISCH von der Pentateuchforschung übernommen hatte, lieferte ihm überall eine klare Lösung, wo er einen Widerspruch entdecken konnte. Aber ist diese Lösung nicht doch zu einfach und willkürlich?

3) Die Seelenkammern:

L. GRY, der wie R. KABISCH der Quellenscheidung huldigt,[14] setzt bei den promptuaria an,[15] die seiner Meinung nach hier nicht im technischen Sinn „Seelenkammern" gemeint sind. Er nimmt als ursprünglichen Text von 7,32 in Aramäisch einen Vierzeiler an, den er so übersetzt:

> Puis la terre dépose ceux qui dedans reposent,
> et la poussière éveille ceux qui dedans sommeillent;
> Puis les caveaux raniment qu'en eux ils compriment,
> (les tombes multiplient) ceux qu'en elles on confie!

Der Gedanke der promptuaria animarum, verschiedene Haplologien und Verwechslungen hätten den Übersetzer dazu gebracht, den Vierzeiler zu einem Dreizeiler nach Art von 1Hen 51,1 zu machen.

Die gebotene Version ist elegant, schön gleichmäßig. Doch darf man dieses Mosaik aus verschiedenen alten Übersetzungen (und teilweise sogar

---

[11] So R.H. CHARLES; G.H. BOX; J. KEULERS 151.
[12] R. KABISCH, Das vierte Buch Esra 68f.
[13] R. KABISCH 156; ähnlich G.H. BOX z.St.
[14] L. GRY, Les dires prophétiques XCIVff.
[15] L. GRY 151.

ohne jede Stütze in den MSS entstanden) wirklich als Wiederherstellung
des Urtextes bezeichnen? Die von L. GRY gebotene aramäische Rücküberset-
zung der einzelnen Versionen allein zeigt schon, wie haltlos sein aramäisches „Original" ist. Praktisch einzige Stütze für seinen vierten Stichus
ist der armenische Text, der kurz von denen spricht, die in der Erde begraben wurden: doch kann dieser Text genausogut die ersten beiden Zeilen
zusammenfassen! [16] GRYS Versuch zeigt zwar die Schwierigkeit von 7,32,
vereinfacht aber ohne Rechtfertigung die Textlage. Somit ist die damit ge-
fundene einheitliche Auferstehungsauffassung wertlos.

Die Vorstellung von den *Seelenkammern*, die später in der rabbinischen
Literatur geläufig ist,[17] kommt in 4Esra außer in 7,32 noch öfter vor (auch
2Bar 21,23; 30,2; im AT scheint der Ausdruck in Spr 7,27 auf: „ihr Haus
ist Wege der Scheol, die in die *chadre mawet*, LXX *ta tamieia tou thanatou*
führen") [18] Den Gedanken in 7,32 auszuscheiden würde also auch nicht
viel helfen.

Die lateinische Übersetzung verwendet promptuaria, habitacula, habitationes. In diesen Kammern erwartet die Seele des Gerechten, nachdem
sie sieben Tage Freiheit genossen hat, um Gottes Verheissungen zu sehen
(7,101), [19] ihren Lohn (4,35; 7,95); die Sünder können in diese habitacula
sanitatis et securitatis nicht eintreten (7,121),[20] sondern sie müssen umherirren und sehen, wie die Gerechten in ihren Wohnungen von Engeln
behütet werden (7,80.85; die beiden arabischen Übersetzungen lassen ebenso
wie die armenische meistens den Gedanken der Seelenkammern aus). Die
zweite arabische Version fügt zu 7,101 hinzu: „dort bleiben sie bis zum
Ende der Frist".

Der Sprachgebrauch zeigt, daß die „Seelen" in den Kammern die
ganze Person vertreten; öfters stehen männliche Formen, wo eigentlich

---

[16] M. STONE, Some Features of the Armenian Version of IV Ezra, Le Muséon 79
(1966) 387-400, schreibt, daß im Gegensatz zu anderen armenischen Übersetzungen die
von 4Esra große Abweichungen von den übrigen Textzeugen aufweise. Dies ist nach
ihm darauf zurückzuführen, daß entweder der Armenier einen christlich überarbeiteten
Text von 4Esra getreu übersetzt, oder aber, daß er seinen griechischen Text, vielleicht
unter Verwendung anderen (älteren) Materials überarbeitet hat (p. 400).

[17] Cf. MOORE, Judaism II 390. Man kann sich fragen, ob der Plural promptuaria bedeutet, daß jeder seine eigene Kammer hat. Cf. STRACK-BILLERBECK IV 1141f für tannai-
tische Beispiele, daß im Jenseits jeder eine Wohnung für sich hat. Doch könnte der
Plural auch nur die große Ausdehnung besagen, wie ja auch das Versammeln der Seelen
(7,95; 7,101 congregabuntur in habitaculis suis) in den Kammern andeutet.

[18] G.H. BOX 33f verweist darauf, daß der Ausdruck promptuaria in der Vulgata nur
Ps 144,13 vorkommt, ebenso in Codex K von Mt 24,26 und Lk 12,3 und in einer Variante
zu Ez 28,16.

[19] A. KAMINKA 42 verweist für die sieben Tage auf Schab 152a, wonach die Seele
um den Verstorbenen sieben Tage lang trauert, sowie auf PRE 34, wonach nach den
sieben Trauertagen die Verwesung beginnt.

[20] Die Tatsache, daß die Seelen der Sünder nicht in die Kammern eingehen, während
in 7,32 die Auferstehung aus den Kammern erfolgt, und trotzdem, wie die folgenden
Verse vom Gericht zeigen, eine allgemeine Auferstehung von Gerechten und Sündern
ist, bietet eine weitere Schwierigkeit für 7,32. G.H. BOX z.St. glaubt, daß ein Hinweis auf die Seelen der Sünder ausgefallen ist.

noch von den animae die Rede ist (z. B. 7,85.95). So scheint also 4Esra
zu lehren, daß man nach dem Tode sowohl vom Toten im Grabe als auch
von seiner „Seele" in den promptuaria das Personalpronomen verwenden
kann: hier wie dort ist der ganze Mensch. Das weist schon darauf hin, daß
hier zwei Vorstellungen vom Sein der Menschen nach dem Tode unaus-
geglichen nebeneinander stehen.

5,37 wird der Seher (um sich seiner Kleinheit und Ohnmacht bewußt
zu werden) aufgefordert: „aperi mihi clausa promptuaria et produc mihi
inclusos in eis flatos". Die anderen Versionen schwanken zwischen „Win-
den" und „Geistern", ebenso die modernen Übersetzer.[21] Hinter dem lateinischen flatus steht wohl hebr. *ruach* bzw. aram. *rucha*.[22] 5,36 soll der Seher
die Regentropfen einsammeln und vertrocknete Blumen wieder grünen
lassen; so möchte man flatus in v. 37 mit „Wind" übersetzen; doch
anschließend heißt es: „zeig mir das Gesicht derjenigen, die du nie gesehen
hast" (so die syrische, die äthiopische und die erste arabische Version;
der lateinische und der zweite arabische Text lassen dieses Stück aus);
daher möchte man flatus eher auf die Menschen beziehen.

Doch auch wenn hier die Toten in den Kammern als Geister bezeichnet
wären und nicht als Seelen, könnte man das nicht für das ganze Buch
voraussetzen (cf. das Schwanken zwischen beiden Ausdrücken in 1Hen
91 - 104!); auch ist *ruach* und *nefesch* nicht mehr so geschieden wie in den
älteren Schriften (cf. Gen 2,7), sondern austauschbar.[23] Was immer der
Ausdruck war, mit dem man die Verstorbenen in den promptuaria bezeichnete, die promptuaria enthalten nicht nur die Lebensenergie, den unpersönlichen Hauch, der bis zur Auferstehung in Gottes Schatzkammern
gespeichert wird, sondern den bewußten Menschen. Das gilt trotz 7,80,
wonach die *inspirationes* der Sünder nicht in die habitationes eingehen [24]

4,41 heißt es, als Bild für den unabänderlichen Ablauf der Geschichte:
„infernus et promptuaria animarum matrici adsimilatae sunt"; beide können nach Ablauf der festgesetzten Zeit das ihnen Anvertraute nicht mehr
zurückhalten.[25] H. GUNKEL liest mit der lateinischen Version statt „infer-

---

[21] J. WELLHAUSEN, ablehnend zitiert bei H. GUNKEL in KAUTZSCH II: Seelen; B. VIOLET
und G.H. BOX: Geister; H. GUNKEL und L. GRY: Winde. B. VIOLET und ebenso G.H. BOX 57,
stellen fest, daß die Lesart der zweiten arabischen Version „Stämme" vielleicht auf ein
Verlesen von *psychas* für *phylas* hinweise (dagegen behauptet L. GRY 73, die arabische
Version lese nicht „Stämme", sondern „Schädel", da sie *muchin* statt *ruchin* gelesen
habe).

[22] So auch L. GRY 73.

[23] Cf. das Wörterbuch von M. JASTROW sub verbo für Beispiele.

[24] Alle anderen Versionen lesen in diesem Vers statt inspirationes „Seele". Es ist
allgemein zu bemerken, daß die Versionen oft „Seele" lesen, wo der lateinische Text
spiritus, flatus oder inspirationes hat. Andererseits gibt es weder im Latein noch in
den Übersetzungen Varianten (Ausnahme die zweite arabische Version in 7,32), wenn
der lateinische Text anima liest.

[25] Der Vergleich mit dem Mutterschoß kommt in 4Esra noch öfter vor (5,35 matrix -
sepulcrum! 5,46.48 matrix mulieris - matrix terrae). Auch Ber 15b (Parallele in Sanh 92a;
R. Tabi im Namen von R. Joschia) vergleicht die Scheol mit dem Mutterschoß, aus-
gehend von Spr 30,15f: „Drei sind unersättlich... die Scheol, der verschlossene Mutter-

num et" „inferno" und übersetzt: „die Wohnungen der Seelen im Hades".
Er versteht dann die promptuaria hier von dem Aufenthalt der noch ungeborenen Seelen. Dieser Gedanke ist im Judentum nicht unbekannt:[26]
die Welt dauert so lange, als Seelen im Behälter sind, und nicht länger.
B. VIOLET [27] läßt die Frage offen, ob der Vers von den seit Anfang geschaffenen, noch ungeborenen Seelen spricht oder von den Seelen, die seit dem
Anfang (lat. ab initio, äthiop. von der Weltschöpfung her) gestorben sind.

Der Kontext läßt jedoch wohl nur die zweite Deutung zu, die Seelen
der Verstorbenen;[28] denn die Stelle ist Antwort auf die Frage, ob durch
die Sünden der Erdenbewohner die Tenne (d. h. die Ernte, Belohnung)
der Gerechten aufgehalten werde (4,39). 4,35 fragten gerade die Seelen
der Gerechten in ihren Kammern: „Quando venit fructus areae mercedis
nostrae?" Die drei Verse gehören also direkt zusammen, die Seelenkammern
sind in beiden Texten der Aufenthalt der Toten. Die Wohnungen der Seelen
„streben danach, möglichst bald das zurückzugeben, was ihnen im Anfang
anvertraut ist" (4,42f): der Vers besagt also, daß die Geschichte unaufhalt-
sam der Auferstehung der Toten, der Entlassung der Seelen aus ihren
Kammern entgegeneilt (wörtliche Übereinstimmung mit 7,32). Auch wenn
hier der Gedanke der präexistenten Seelen nicht nachweisbar ist, zeigt
doch der Gedanke der Seelenkammern allein schon, wiesehr sich in diesem
Buch, verglichen mit den bisher besprochenen Schriften, die Anthropologie
geändert hat.

Wir werden nun etwas näher auf die Anthropologie von 4Esra eingehen, was für die Deutung von 4Esra 7,32 nützlich ist. Bisher hat sich
keine rechte Lösung für 7,32 gezeigt, weder R. KABISCH noch L. GRY konn-
ten überzeugen. Die Vorstellung von den Seelenkammern ließ sich nicht
von der anderen trennen, wonach Erde und Staub die Toten wiedergeben.
Damit bleibt die Frage offen: wo ist der Tote vor der Auferstehung und
wie hat man sich demnach die Auferstehung vorzustellen.

---

schoß". Der Zusammenhang zwischen beiden besteht darin, so erklärt der Text, daß
die Scheol wie der Mutterschoß aufnimmt und wieder herausgibt; und wie der Mutterschoß in Stille aufnimmt und mit Lärmen herausgibt, um so viel mehr wird die Scheol
mit Lärmen herausgeben, da sie auch mit Lärmen aufnimmt. Cf. weiterhin TgNeofiti
zu Gen 30,22, wonach der Herr vier Schlüssel niemand übergibt: „... den Schlüssel der
Gräber und den Schlüssel der Unfruchtbarkeit". A. KAMINKA, Beiträge 36, verweist für
den Vergleich mit den neun Monaten Schwangerschaft auf Sanh 98b, wonach die
Erlösung kommt, nachdem der Druck der Weltherrschaft neun Monate gedauert hat
(Ausspruch Rabs).
    [26] Cf. MOORE, Judaism II 353. LevRabba 15 und GenRabba 24 sprechen vom *guf
hanschamot* der noch ungeborenen Seelen.
    [27] B. VIOLET II 20. F.W. SCHIEFER, Die religiösen und ethischen Anschauungen des
IV. Esrabuches im Zusammenhang dargestellt, Leipzig 1901, 32, versteht den Text von
den präexistenten Seelen.
    [28] So auch G.H. BOX, The Ezra-Apocalypse 37 (ebenso in CHARLES II 567); J. KEULERS,
Die eschatologische Lehre 27; P. VOLZ, Jüdische Eschatologie 38.

4) Zur Anthropologie von 4Esra: Leib und Seele.

Unsere Belegtexte für die anthropologischen Anschauungen von 4 Esra kommen fast alle aus der direkten Nähe von 7,32, nämlich besonders aus 7,75ff. Deutlich wird gesagt, daß sich Leib und Seele im Tod trennen. 7,75 fragt Esdras, ob wir „post mortem, vel nunc, quando reddemus unusquisque animam suam" bis zur Erneuerung der Schöpfung in Ruhe bewahrt werden oder ob wir jetzt schon gepeinigt werden. Deutlicher ist noch die parallele Frage in 7,100: „Ergo dabitur tempus animabus postquam separatae fuerint de corporibus ut videant de quo mihi dixisti?" (nämlich die endzeitliche Belohnung). Alle Versionen stimmen hier im wesentlichen Punkt überein: im Tod trennt sich die Seele vom Leib. Der Vers stellt die Alternative zwischen der alten Seelenvorstellung, nach der alle in der Scheol schlafen bis zum Gericht, gleich ob gerecht oder ungerecht, und der Bestrafung der Seele unmittelbar nach dem Tode.

7,78 gibt die Antwort auf die Frage von 7,75: „Nam de morte sermo: quando profectus fuerit terminus sententiae ab Altissimo ut homo moriatur, recedente inspiratione de corpore, ut dimittatur iterum ad eum qui dedit (illam), adorare gloriam Altissimi primum".

Schon zuvor haben wir erwähnt, daß es 7,80 von den inspirationes der Sünder heißt, daß sie nicht in die Kammern eingehen. 7,78 spielt auf Pred 12,7 an: „der Staub kehrt zur Erde zurück, von der er kam, und der Atem zu Gott, der ihn gegeben". Doch ist der Sinn nicht mehr derselbe; 4Esra spricht nicht mehr wie Pred von der unpersönlichen Lebenskraft, sondern von der auch nach dem Tode selbständigen Seele, wie deutlich die inspirationes von 7,80 in den Seelenkammern zeigen.[29] Pred 12,7 bedeutet also bei 4Esra, „daß die Seele des Menschen nach dem Tod auf bestimmte Zeit und zu einem bestimmten Zweck vor Gott tritt".[30] Die anderen Versionen nennen an Stelle der inspirationes den Geist (äthiop.; syr: oder „Atem"); Hauch, Atmung und Seele (die erste arab. Version) oder einfach Seele (die zweite arabische und die armen. Version), und verdeutlichen so die Gedankenverschiebung gegenüber Pred 12,7.

L. GRY, wie oft recht freizügig in der Wiederherstellung des Originals, paßt den Vers an TargPred 12,7 an:[31] wenn der Mensch sterben muß, „sur le champ l'âme sort de la chair, et l'esprit de l'âme retourne à celui qui l'avait donné" (ähnlich der ersten arab. Version). Die Methode ist fragwürdig. Für unsere Frage bietet diese Version nichts Neues; der Aus-

---

[29] G.H. BOX, The Ezra-Apocalypse 144 sieht hinter dem Ausdruck inspiratio *empneusis* und das hebräische *n^eschama* (selbe Übersetzung auch sonst in der Bibel) und versteht es im Sinn der *n^eschamot* der Gerechten unter dem Throne Gottes in Schab 152b. Cf. auch W.O.E. OESTERLEY, II Esdras (The Ezra Apocalypse), London 1933, 87. P. VOLZ, Jüdische Eschatologie 252, hingegen vermutet in Esra eine Dreiteilung des Menschen (Geist, Seele, Körper).

[30] H. GUNKEL in KAUTZSCH II 374.

[31] L. GRY 187.

druck, Geist der Seele" ist schon aus 1Hen 91 - 104 als Bezeichnung der Toten bekannt (cf. auch 1Hen 22,3 „Geister der Seelen der Toten").

Das Fehlen der Anspielung auf Pred 12,7 in der zweiten arabischen und der armenischen Version erklärt L. GRY mit einer theologischen Erwägung: nach Tanchuma (Wajjikra 52a) gilt Pred 12,7 nur für die Gerechten; unser Text aber spricht vor allem von den Sündern, daher sei das Zitat ausgelassen. Doch ist der Beleg spät und außerdem bieten diese beiden Versionen auch sonst oft einen kürzeren Text. Auch ist eine nachträgliche stärkere Anpassung an Pred 12,7 in den übrigen Versionen nicht ausgeschlossen. Das eine ist jedenfalls deutlich, welch Unterschied (trotz des Zitats) in der Todesauffassung zwischen Pred und 4Esra besteht.

Noch deutlicher ist die Wandlung in 7,88-89: „Nam eorum qui vias servaverunt, ordo est hic, quando separari incipient a vaso corruptibili. In eo (= vaso corr.) tempore commemoratae servierunt cum labore Altissimo et omni hora sustinuerunt periculum, uti perfecte custodirent legislatoris legem".[32] Die anderen Versionen lesen statt vasum „Körper" (cf. Weish 9,15 sōma phtharton), was wohl als Erleichterung gegenüber „Gefäß" zu erachten ist.[33]

Ps 31,13 kli ᵓowed/skeuos apolōlos entspricht zwar dem Ausdruck nach, aber bezieht sich nicht auf den Körper: dort ist es der bedrängte Beter, der sich wie ein Gefäß, ein Werkzeug sieht, das man wegwirft, das zerbrochen ist (ebenso 2Kor 4,7, wonach das Evangelium en ostrakinois skeuesin getragen wird; cf. Taan 7a über R. Jehoschua b. Chananja). Verschieden ist die Vorstellung auch von 1Kor 15,53, wonach to phtharton touto darauf wartet, Unvergänglichkeit anzuziehen. Weish 9,15 hingegen ist hier wirklich zutreffend: „ein vergänglicher Leib beschwert die Seele, und dieses Zelt aus Ton beschwert den Geist mit (seinen) tausend Gedanken". Das Bild des tönernen Zeltes entspricht dem des Gefäßes in 4Esra.

Der Leib ist zwar nicht an sich schlecht, aber vergänglich; er belastet die Seele, auch wenn diese, wie 4Esra betont, in ihm Gott dienen konnte, sei es auch in Gefahr und Anstrengung. Wie die armenische Version etwas erweiternd deutet, ist das Leben auf Erden in corruptibili naturali corporis natura. Diese Auffassung deckt sich weithin mit der hellenistischen.[34] Der Autor ist nahe dem paulinischen „Wer wird mich erretten aus dem Leibe dieses Todes" (Röm 7,24). H. GUNKEL sieht hier den Leib als Kerker der Seele (er übersetzt separari incipient mit „sich trennen dürfen"!).[35] Das ist vielleicht übertrieben, der Abstand zum Leben im Leibe ist jedoch deutlich genug.

---

[32] L. GRYS Übersetzung p. 195 ist wie oft eine Mißhandlung des Textes.
[33] B. VIOLET II 91.
[34] L. GRY p. CVIII spricht von platonischen Einfluß bezüglich der umherirrenden Seelen der Sünder.
[35] H. GUNKEL in KAUTZSCH II z.St. Ebenso G.H. BOX, The Ezra-Apocalypse 148, und W.O.E. OESTERLEY, II Esdras 88f.

Die in 7,88f gesehene Einstellung zum Leib und zur Welt wird in 14,13f besonders offensichtlich; außerdem zeigt der Text, daß diese leibfremde Haltung nicht auf das Stück 7,75-101 beschränkt ist. H. GUNKEL übersetzt die Stelle meisterhaft: „Nun also bestelle dein Haus... Du selber entsage dem vergänglichen Leben, laß fahren die sterblichen Sorgen; wirf ab die Bürde der Menschlichkeit, zieh aus die schwache Natur; laß die quälenden Fragen beiseite und eile, hinüberzuwandern aus dieser Zeitlichkeit".[36]

Diese Worte sind weltabgewandt, nicht eigentlich weltfeindlich (im Unterschied zum gnostischen Denken): die Welt ist altgeworden (14,10; cf. 2Bar 85,10) und „je schwächer die Welt vor Alter wird, um so mehr wird der Leiden, die über ihre Bewohner ergehen" (14,16). Der Grund für die Ablehnung der Welt ist damit geschichtlich und nicht dogmatisch: nicht ihrem Wesen nach ist die Welt schlecht, sondern sie ist in ihrer Geschichte schlecht geworden. Darum kann 3,5 vom leblosen Körper Adams, der noch nicht Gottes Lebenshauch erhielt, (polemisch?) betonen: sed et ipsum (i. e. corpus mortuum) figmentum manuum tuarum erat", war Gotteswerk.

Für die Auferstehungslehre wichtigstes Ergebnis dieser anthropologischen Nachfrage: der Leib bleibt Werk Gottes; aber trotzdem wird seine Bewertung negativ (cf. die letzten Kapitel von 1Henoch!). Der Seher drängt heraus aus dem verderblichen Gefäß, da die letzten Zeiten der alten Welt doch nur noch mehr Leiden bringen. Die Seele, nun ganz verselbständigt und Gegensatz zum Leib, kommt nach dem Tode und sieben Tagen Freiheit in die Seligkeit der Seelenkammern, während die Seelen der Sünder umherschweifen müssen. Auch hier ist jedoch die Seele, die den Leib verlassen hat, nicht völlig leiblos, wenn auch stark vergeistigt.

5) Der Sinn von 7,32:

Ausgangspunkt unserer Erwägungen war, daß die zwei ersten Stichen von 7,32 den ganzen Menschen aus der Erde bzw. dem Staub erstehen lassen, während dem dritten Stichus zufolge die Kammern die Seelen zurückgeben. Dieser scheinbare Widerspruch läßt sich nicht durch verschiedene Quellen erklären (gegen KABISCH); aber auch die Bedeutung der promptuaria und der „Seelen" läßt sich nicht verwässern, wie es L. GRY haben wollte.

Wenn P. HOFFMANN (mit anderen) die drei Zeilen vollkommen parallel auffassen will, sodaß auch die dritte nichts anderes besagt als die ersten zwei,[37] stößt er sich an der Anthropologie von 4Esra. Man könnte zwar

---

[36] Die griechische Übersetzung des Textes durch A. HILGENFELD, Messias Judaeorum, zeigt manche Kontakte zu 2Kor 5,1ff (*ta anthrōpina barē - ekdysai - metoikēsai*).

[37] P. HOFFMANN, Die Toten in Christus 147. Das vereinfacht zu sehr die Problematik von 7,32.

die zweite arabische Version so verstehen: „Dann wird die Erde erbeben, und alles, was in ihr schläft, wird auferstehen, und erwachen wird aus dem Staube das Verweste, und die Vorratskammern werden herausgeben, was in ihnen ist" (Übersetzung nach VIOLET). Hier könnte das dritte Glied wirklich den ersten beiden gleichbedeutend sein. Die armenische Version vereinfacht: „Et omnes suscitabuntur qui sepulti sunt in terra, voce Domini; et stabunt coram forti iudice". In diesen beiden Versionen gibt es das Problem von Leib und Seele nicht, wohl aber in den übrigen vier, die bedeutend besser belegt sind. In 7,32 können wir nicht die „Seele" als dem Ich gleichbedeutend verstehen (obwohl 3,29 in traditioneller Weise „ich sah" und „meine Seele sah" gleichsetzt): 4Esra betont mehrmals, daß im Tod die Seele den Leib verläßt und selbständig weiterlebt; die Kammern, in die nur die Seelen der Gerechten kommen und zwar erst sieben Tage nach dem Tod, sind nicht mit dem Grab oder der Scheol gleichzusetzen.

Der Widerspruch ist aus 7,32 nicht wegzudeuten. Er entstand wahrscheinlich, weil der Autor Dan 12,2 im Kopf hatte und nachahmte, vielleicht auch 1Hen 51,1 (das unter Umständen nicht viel jünger ist als 4Esra), dann aber den Stichus über die Seelen hinzufügte. Für das Verständnis wichtig ist aber, daß dieser letzte Stichus die eigene Überzeugung des Verfassers spiegelt, seine Anthropologie wiedergibt, während die ersten zwei Zeilen mehr seine Verbundenheit mit der Tradition aufweisen, wobei aber die Tradition nicht mehr voll nachvollzogen wurde, sondern als feste Formel Bedeutung verlor.

In der Auferstehung werden die Seelen aus den Kammern befreit. Die Kammern, obwohl Ort der Belohnung, haben zweideutigen Charakter und erinnern an die Scheol: in ihnen werden ja die Seelen bewacht, was wohl mehr ist als Schutz; auch hat sie der Autor vielleicht in der Unterwelt gedacht.[38] Auch in den Kammern waren die Seelen nicht unleiblich gedacht (cf. das Zitat von KABISCH zu Beginn des Kapitels), jetzt aber erst erlangen sie wieder volle Leiblichkeit. Ob das eine Wiedervereinigung mit demselben Leib bedeutet, den die Seele im Erdenleben gehabt hat, ist nicht ausdrücklich gesagt. Dieser Gedanke ist offenbar nicht mehr fern, hier aber noch nicht voll entwickelt. Was Staub und Erde wiedergeben, sind dem Wortlaut nach die Toten, dem Zusammenhang nach ist es wohl am ehesten der Leib, die Materie (ohne notwendig an die Identität des Leibes zu denken).

---

[38] A. HILGENFELD, Die jüdische Apokalyptik 198, und J. KEULERS, Die eschatologische Lehre 158, lokalisieren die promptuaria in der Unterwelt; W.O.E. OESTERLEY, II Esdras 45, und G.H. BOX, The Ezra-Apocalypse 144, wollen eher an die Geister unter Gottes Thron denken (Schab 152b).

6) Der Ort des Auferstehungslebens:

Am Beginn der messianischen Zeit werden die jetzt unsichtbare Stadt und das verborgene Land erscheinen (7,26; cf. 8,52 und 2Bar 4,1-3), wohl das himmlische Jerusalem und das Paradies. Doch am Ende der vierhundert Jahre des Messias „convertetur saeculum in antiquuum silentium diebus septem sicut in prioribus initiis" (7,30). Das bedeutet nicht den Untergang der Welt, wie L. GRY in seiner Übersetzung (des von ihm restaurierten Textes) andeutet: „Alors s'efface le monde tout entier, et le globe incline à sa perte".

Was der Autor sagen will, ist einfach die Rückkehr der Welt in das Chaos des Anfangs. Das siebentägige Schweigen hebt die Geschichte auf und macht einer neuen Schöpfung Raum. Nach den sieben Tagen „excitatur qui nondum vigilat saeculum et morietur corruptum" (7,31). Corruptum ist wohl nicht auf saeculum zu beziehen, sondern substantivisch zu fassen, bedeutet den Tod, die Vergänglichkeit (im Sinn also von corruptibile).[39] Somit ist auch hier nichts vom Untergang der Welt gesagt.

Das urzeitlich-endzeitliche Schweigen hebt die Welt aus dem alten in den neuen Aeon, aus dem Weltalter des Todes in das der Unvergänglichkeit (cf. 7,113). Auf dieser erneuerten Welt erstehen die Toten und dort erscheint auch Gottes Richterthron (7,33): „Et apparebit lacus tormenti et contra illum erit locus requietionis, et clibanus gehennae ostendetur, et contra eam iucunditatis paradisus" (7,36). Paradies und Hölle werden also sichtbar, wohl auf Erden (? Wiederholung zu 7,26: das Erscheinen des „verborgenen Landes"); diese beiden Stätten sind der Ort, wo man nach dem Endgericht lebt. 5,44f drückt dasselbe aus: obwohl die Welt jetzt alle Geschaffenen nicht auf einmal ertragen könnte, am Ende wird Gott die ganze Schöpfung auf einmal zum Leben erwecken und die Schöpfung (creatura) wird sie ertragen können.[40]

Wollen wir dem Autor von 4Esra nicht Mangel an Folgerichtigkeit vorwerfen,[41] sodaß er zwei Eschatologien vermischt hätte (Himmel - Hölle / Erde), so müssen wir uns das Paradies auf Erden vorstellen. Auch für die Hölle ist das nicht unmöglich, wie 1Henoch zeigt.[42] Ohne zwischen messianischer Zeit und Auferstehungszeit zu scheiden, heißt es 9,8 von den

[39] Cf. B. VIOLET II 75.
[40] Die Frage, wie das Land (Israel) für alle Auferstandenen ausreichen werde, gehört zu den Standardfragen über die Auferstehung: siehe die dritte der „Fragen des R. Elieser" (gemeint ist der Tannait Elieser b. Hyrkanos) in A. JELLINEK, Bet ha-Midrasch VI, Jerusalem ³1967 (deutsche Übersetzung: A. WÜNSCHE, Aus Israels Lehrhallen III, Leipzig 1909, 8-11) 148-150.
[41] Cf. H. GUNKEL in KAUTZSCH II 384.
[42] STRACK-BILLERBECK IV 813 nehmen ebenfalls als Ort des zuküntfigen Aeons in 4Esra die (erneuerte) Erde an; L. VAGANAY, Le problème eschatologique 114f, entscheidet sich nicht; J. KEULERS, Die eschatologische Lehre, ist ziemlich unkonsequent: p. 79 sieht er in der Stadt von 7,26 das himmlische Jerusalem, im Land aber nicht das Paradies,

am Ende Geretteten, daß sie Gottes Heil schauen werden in seinem Land [43] und seinem Gebiet, das er sich von Ewigkeit her geheiligt, während 8,52-54 von der strahlenden Zukunft sagt: „Vobis enim apertus est paradisus, plantata est arbor vitae, praeparatum est futurum tempus, praeparata est habundantia, aedificata est civitas, probata est requies... infirmitas extincta est a vobis et mors absconsa est, infernum fugit... et ostensus est in finem thesaurus immortalitatis".

Paradies und Stadt scheinen hier wieder auf, wohl „die unsichtbare Stadt und das verborgene Land" von 7,26: dort war ihr Erscheinen für die messianische Zeit vorhergesagt, die nach vierhundert Jahren mit dem Tod aller enden wird. Hier spricht der Autor nicht von der messianischen Zeit, sondern allgemein von der glücklichen Zukunft der Gerechten, wenn es keinen Tod, keine Hölle mehr gibt und der Schatz der Unsterblichkeit erscheint. Auch von der Auferstehung ist hier nicht ausdrücklich die Rede; diese ist aber sicher vorausgesetzt, wenn man die Stelle auf dem gesamten Hintergrund von 4Esra betrachtet. Logische Konsequenz war nie die Stärke der Apokalyptiker; doch wäre es falsch, bei scheinbaren Abweichungen sofort an verschiedene Quellen zu denken, anstatt die wesentliche Einheit der Bildwelt des Dichters zu sehen.

Fassen wir nochmals das Ergebnis zusammen: 4Esra lehrt eine leibliche Auferstehung auf die erneuerte Erde, das Paradies und die bisher unsichtbare Stadt, nachdem die Sünder der Hölle übergeben wurden. Die Ausdrucksweise ist nicht ganz folgerichtig, weil der Autor einerseits noch an traditionellen Aussagen festhält, andererseits aber doch schon ein neues Bild von Menschen hat, den Tod als Trennung von Leib und Seele sieht. Die Auferstehung ist noch nicht direkt als Wiedervereinigung von Leib und Seele gedacht, aber diese Vorstellung ist schon sehr nahe.

---

sondern Palästina; 186f spricht er von einem transzendenten himmlischen Wohnort der Seligen, während er p. 149 zu 7,31 (also als Vorbereitung für die Auferstehung in 7,32) eine neue materielle Welt annimmt.

[43] G.H. Box, The Ezra-Apocalypse 200.203, versteht diese Stelle vom messianischen Heil.

VI. KAPITEL:

2 Baruch

Die Baruch-Apokalypse[1] ist vollständig nur in syrischer Übersetzung vorhanden, zum Großteil nur in einem MS; es gibt auch ein griechisches Fragment.[2] Der Syrer übersetzte aus dem Griechischen und der Grieche seinerseits gibt ein semitisches Original wieder. Die Schrift entstand um 90-100 n.Chr. und ist sowohl mit Pseudo-Philo's LAB als auch mit 4Esra eng verwandt; mit 4Esra bestehen wohl literarische Beziehungen. Theologisch ist das Buch rabbinischen Auffassungen nahe und wurde der Schule Rabbi Akibas zugeschrieben.[3] Für unsere Fragestellung ist 2Bar von besonderer Bedeutung, vor allem wegen seiner Nähe zu 1Kor 15. Die folgende Untersuchung setzt, im Gegensatz zu den Quellenscheidungen von R. KABISCH und R.H. CHARLES,[4] die Einheitlichkeit der Schrift voraus, die natürlich die verschiedensten — auch schriftlichen — Traditionen benützt. Gewisse Unstimmigkeiten innerhalb des Werkes sind innerhalb der apokalyptischen Literatur fast selbstverständlich.

---

[1] Ich verwende die syrische Ausgabe von M. KMOSKO in der Patrologia Syriaca, sowie die Übersetzungen von M. KMOSKO (ibidem); R.H. CHARLES, The Apocalypse of Baruch, translated from the Syriac (selber Text in CHARLES, Pseudepigrapha, und R.H. CHARLES - W.O.E. OESTERLEY, The Apocalypse of Baruch); P. RIESSLER, Altjüdisches Schrifttum; V. RYSSEL in KAUTZSCH II; P. BOGAERT, Apocalypse de Baruch. Zu Einleitungsfragen siehe besonders noch L. ROST, Einleitung 94-97; D.S. RUSSELL, The Method and Message 64f; A.M. DENIS, Introduction 182-186; noch immer äußerst nützlich ist der Artikel von L. GINZBERG, Baruch, Apocalypse of (Syriac), JE II (1902) 551-556. P. HOFFMANN, Die Toten in Christus 150-155 zur Frage des Zwischenzustands. Nicht zur Verfügung stand mir B.P. de VRIES, De heilstijd in de Syrische Baruchapokalypse, Diss. Amsterdam 1917.

[2] Griechische Väterzitate von 2Bar in A.M. DENIS, Fragmenta 118-120.

[3] So F. ROSENTHAL, Vier apokryphische Bücher 72ff; B. VIOLET, Apokalypsen XCI, schließt sich ROSENTHAL an, daß der Autor wohl zum Kreis der Schule von Jabne gehört und von Rabbi Akiba besonders beeinflußt ist; ebenso L. GRY, zitiert bei P. BOGAERT I 92f; P. BOGAERT I 441-3 denkt eher an R. Jehoshua b. Chanania, einen Schüler R. Jochanan b. Zakkais. „Il n'est pas possible de ne pas être frappé par la parenté spirituelle qui unit la figure de R. Yehoshua ben Hanania à celle de l'auteur de l'Apocalypse de Baruch" (p. 443).

[4] R. KABISCH, Die Quellen der Apokalypse Baruchs, Jahrbuch für protestantische Theologie 18 (1892) 66-107; R.H. CHARLES, The Apocalypse of Baruch (1896) LIII-LXVII (ebenso Pseudepigrapha 470ff). V. RYSSEL in KAUTZSCH II 407-409, sowie P. BOGAERT I 28-30, 57-95, bringen eine Tafel mit der Quellenverteilung von KABISCH, E. de FAYE und CHARLES, sowie eine kurze Besprechung der Frage. Auch A.F.J. KLIJN, The sources and the redaction of the Syriac Apocalypse of Baruch, JSJ 1 (1970) 65-76, betont wieder mehr die Benützung von Quellen in 2Bar.

Wir werden nun zuerst 2Bar 49 - 51 besprechen — einen Text, der wegen seiner Ausführlichkeit besonders wichtig ist — und uns dann einigen anderen für die Auferstehungsvorstellung bedeutenden Stellen zuwenden.

1) 2Bar 49 - 51:

Diese Kapitel bieten eine nahezu systematische Beantwortung der Frage nach dem Auferstehungsleib. Zwar könnte man zuerst 49,2 auch von denen verstehen, die am Tag des Herrn noch leben, also gar nicht gestorben sind: „In welcher Gestalt werden denn die leben, welche an deinem Tage leben?[5] Was wird nachher aus ihrem Glanz?" Doch in der Folge spricht der Autor nur noch von den Auferstandenen. Vielleicht vereint der Autor beides, wie 1Kor 15 (cf. 2Bar 50,3), spricht zugleich von den Überlebenden und den Auferstandenen. Dann fragt er weiter: „Nehmen sie dann ihr jetziges Aussehen wieder an, und ziehen sie wieder diese Kettenglieder an, die jetzt im Bösen sind und worin Böses sich vollendet? Oder verwandelst du etwa die, die in der Welt waren, wie auch die Welt?" (49,3). Nur die zweite Möglichkeit steht offen: in einer verwandelten Welt werden auch ihre Bewohner verwandelt; denn das jetzige Aussehen ist gebunden an den Leib des Unheils.

Mit B. VIOLET habe ich *hadome d' 'asure* mit „Kettenglieder" übersetzt (VIOLET setzt als griechischen Text *melē desmōn* voraus); P. BOGAERT übersetzt „membres des captivité", während V. RYSSEL die neutralere Übersetzung „durch Bänder verbundene Glieder" vorzieht (ähnlich P. RIESSLER); doch dürften VIOLET und BOGAERT [6] recht haben, daß hier der Leib als Gefängnis aufgefaßt ist. Der zweifache Verweis auf das mit dem Leib verbundene Übel [7] unterstreicht diese Abwertung des irdischen Leibes. Bezeichnend ist auch die Vorstellung des Leibes als Kleid, das man anzieht und das vom eigentlichen Ich deutlich unterschieden ist. Das Motiv ist relativ jung (cf. vor allem 2Kor 5 und gnostische Vorstellungen, z.B. mehrmals in den Oden Salomos) und weist, wie überhaupt die ganze Frage auf eine gewandelte Denkweise.[8]

„Wie werden die Toten auferstehen? In was für einem Leibe werden sie kommen?" (1Kor 15,35): das ist schon bei Paulus die Frage, vielleicht auch der Einwand des Gegners. Steht sie ursprünglich auf gleicher Stufe wie die Sadduzäerfrage in Mt 22,23-28, soll sie also nur auf die Unmöglich-

---

[5] So R.H. CHARLES und B. VIOLET (im Sinne von „aufleben"). V. RYSSEL und P. RIESSLER: (noch) weiterleben. P. BOGAERT: qui verront ton jour.

[6] B. VIOLET 274; P. BOGAERT z.St.

[7] V. RYSSEL übersetzt statt „Übel, Böses" (so KMOSKO: mala, CHARLES: evil; P. BOGAERT: maux) mit „Sünde". Dagegen wendet sich N. MESSEL, Einheitlichkeit 156f: die dabei vorausgesetzte Auffassung des Leibes als Sitz der Sünde „trifft man in der ganzen Apokalyptik und überhaupt im palästinischen Judentum nie wieder".

[8] Zum Thema Kleid-Körper siehe oben p. 48f.

keit der Auferstehung hinweisen? Auch die Frage der „Kleopatra"[9] an R. Meir ist wohl so zu verstehen: „Ich weiß, daß die Toten auferstehen werden... aber werden sie nackt auferstehen oder mit Gewändern?" (Sanh 90b). Wie dem auch sei, sowohl Paulus wie auch der Autor von 2Bar und die Rabbinen haben diese Frage ernstgenommen: es gilt nicht mehr als selbstverständlich, daß der Auferstandene zu seinem Volk zurückkehrt, in seiner irdischen Leiblichkeit, und auf der Erde im messianischen Glück weiterlebt (wie noch die TestXII festhalten). Sobald das Auferstehungsleben nicht mehr als nur vom Bösen gereinigtes natürliches irdisches Leben der Gerechten gesehen wird, stellt sich die Frage, wie es dann tatsächlich sein wird, wo und in welchem Leibe. Diese Verse zeigen, daß man sich die leibliche Auferstehung nicht unbedingt an den irdischen Leib gebunden dachte.

Die Antwort des Herrn ist: „Sicherlich wird die Erde dann die Toten zurückgeben, welche sie jetzt empfängt, um sie aufzubewahren, ohne etwas an ihrem Aussehen zu ändern; sondern wie sie sie empfangen hat, so gibt sie sie wieder, und wie ich sie ihr überliefert habe, so läßt sie sie auch auferstehen. Denn es kommt dann darauf an, denen, die leben, zu zeigen, daß die Toten wieder aufgelebt sind und daß die gekommen sind, welche dahingegangen waren. Und sobald sie sich gegenseitig erkannt haben, die (sich) jetzt kennen, dann wird das Gericht in Kraft treten und die vorhergesagten (Dinge) werden kommen" (2Bar 50,2-4).

Die Auferstehungsvorstellung dieser Verse (cf. Mt 27,53; Joh 5,28) ist gegenüber 4Esra und anderen Stellen von 2Bar altertümlich und einfach: die Seelenkammern werden nicht erwähnt. Der ganze Tote, ohne Unterscheidung von Leib und Seele, ist in der Erde; an seinem Aussehen ändert sich nichts (cf. 11,4.6: die Gerechten „ruhen in der Erde in Frieden... Hättest du, Erde, doch Ohren, und du, Staub, Verstand! Geht und verkündet der Scheol und saget den Toten..."). Der Autor denkt hier wohl kaum daran, daß die Leichen in den Gräbern unverwest bleiben,[10] sondern wohl wie im AT (man denke an die Erscheinung Samuels vor der Hexe von Endor), daß die Toten in der Unterwelt weiterexistieren so wie sie begraben wurden. Der Gedanke an die Leiche im Grab wird erst später von Bedeutung; hier ist die Leiche für die Identität des Auferstehungsleibes noch ohne Belang.

Zum ersten Mal kommt hier die Besorgnis um die Erkennbarkeit der Verstorbenen bei der Auferstehung zum Ausdruck. Die Überlebenden sollen keinen Zweifel daran haben können, daß wirklich die Toten wiedergekommen sind (doch auch in den Evangelien in den Auferstehungsberichten finden wir dieselbe Absicht in der Betonung der Wundmale des Auferstan-

---

[9] W. BACHER, Die Agada der Tannaiten II, Straßburg 1890, 68 Anm. 2, löst den Anachronismus Kleopatra - Meir mit einer Textverbesserung: Kleopatra sei eine Textverderbnis für Patriarka (d.h. das Oberhaupt der Samaritaner).

[10] Dieser Gedanke, der schon früh die ägyptische Begräbnisweise motivierte, scheint in einer späten Baruchlegende auf (W.O.E. OESTERLEY VIII) und wird dann in der christlichen Heiligenverehrung von Bedeutung.

denen!). Das setzt voraus, daß nach der Umwandlung der Auferstandenen, von der 2Bar 51 spricht, man die Auferstandenen nicht mehr identifizieren könnte.[11] Das Motiv ist hier klar apologetisch, gegen die Leugner der Auferstehung. Das ist wieder ein wichtiger Schritt gegenüber den bisher besprochenen Schriften, die die Tatsache der Auferstehung als selbstverständlich nahmen. Wie im NT und dann bei den Rabbinen drängen sich die Leugner der Auferstehung in den Vordergrund.

„Und nachdem jener festgesetzte Tag vergangen sein wird, dann erst wird sich das Aussehen der Verdammten verwandeln und auch die Herrlichkeit der Gerechtfertigten. Denn das Aussehen derer, die jetzt freveln, wird schlechter gemacht als es war, damit sie die Strafe erdulden. Auch die Herrlichkeit derer, die jetzt durch mein Gesetz gerechtfertigt worden sind... ihr Glanz wird in Umwandlungen verklärt werden und das Aussehen ihrer Gesichter wird zu strahlender Schönheit umgewandelt werden, damit sie empfangen und annehmen können die Welt, die nicht stirbt, die ihnen alsdann verheißen ist... Wenn sie (= die Gottlosen) jene dann erhöht und verherrlicht über ihnen sehen, auf die sie jetzt von oben herabblicken, und wenn die einen und die anderen verwandelt werden, jene zum Glanz der Engel und sie selbst zu Schaudererscheinungen und zu Gespenster-Bildern, werden sie gänzlich dahinschwinden" (51,1-5).[12]

Nachdem die Auferstandenen einander erkannt haben und auch von den Überlebenden erkannt worden sind und so kein Zweifel an der Auferstehung bestehen kann, dann werden alle verwandelt, die Auferstandenen wie die Überlebenden (cf. 1Kor 15,51: „wir werden nicht alle sterben, aber alle werden umgewandelt werden").[13]

Die Frevler interessieren nur nebenbei: ihr Aussehen wird schlimmer, sie werden zu Schauder-Erscheinungen und zu Gespenster-Bildern. Genaues stellt sich 2Bar wohl kaum vor; die Sünder sind nur Gegenpol in der Schilderung der Herrlichkeit der Gerechten. Zum Vergleich kann man TosSanh 13,5 (ZUCKERMANDEL 434) heranziehen, wo die Schulen Hillels und Schammais über die verschiedenen Klassen von Leuten beim Endgericht diskutieren. In diesem Zusammenhang heißt es von den Sündern, „die ihre Hände nach der Wohnung (=dem Tempel) ausgestreckt haben", daß die Scheol zerfallen wird, sie aber nicht, denn ihre Gestalt (*zuram*) führt zum Zerfall der Scheol.[14]

Die durch das Gesetz Gerechtfertigten verwandeln sich, bis ihre *doxa*

---

[11] Der Gedanke, daß die Verherrlichung durch Gott oder seinen Engel den Menschen unerkenntlich macht, findet sich auch in LAB 61,9 von David nach seinem Sieg über Goliath: „Angelus autem (editio princeps addit: Domini) erexit faciem David et nemo agnoscebat eum. Et videns Saul David, interrogavit eum quis esset, et non erat qui cognosceret eum".

[12] Zur Übersetzung von v. 5 siehe M. KMOSKO 1153f gegen CHARLES und RYSSEL; ebenso P. BOGAERT II 94.

[13] Zu den rabbinischen Parallelen siehe G.F. MOORE II 380f, ebenso L. GINZBERG, JE II 551-6.

[14] Siehe auch Seder Olam Rabba 3, zitiert bei STRACK-BILLERBECK IV 1061f.

dem Glanz der Engel entspricht.[15] Den Gedanken, daß die auferstandenen
Gerechten den Engeln gleich sind, trafen wir schon in 1Hen 51,4f (fraglich
in 1Hen 104); cf. auch Lk 20,36 und vor allem 1Kor 15,40f, wo Paulus im
Zusammenhang mit der Auferstehung von der *doxa* der Irdischen und der
Himmlischen spricht. Das Sein der auferstandenen Gerechten wird in einer
Terminologie beschrieben, die gewöhnlich für Gott bzw. himmlische Wesen
vorbehalten war.[16]

Wie denkt sich 2Bar die Auferstehungsleiblichkeit? Zuerst entspricht
sie der irdischen Leiblichkeit, doch dann erfolgt die Umwandlung, die
Anpassung an die neue Welt, die Welt Gottes. Die Betonung allein der Herrlichkeit und des Glanzes bedeutet eine Vergeistigung der Auferstandenen
(aber nicht notwendig die Vorstellung eines „geistigen Leibes"); sie erlangen
bisher ungeahnte, himmlische Herrlichkeit; mehr kann und will der Autor
nicht sagen.

Auch die folgenden Verse gehen kaum darüber hinaus: die Auferstandenen werden nicht mehr altern (51,9; cf. 4Esra 7,97), „den Engeln werden
sie ähneln und den Sternen gleichen" (51,10a: zu den Sternen vgl. Dan
12,3; 1Hen 104,2; 4Esra 7,97.125; 1Kor 15,41; Mt 13,43 Sonne; 1Hen 39,7
und 51,5 Feuerschein).[17] Dann fährt er fort: sie werden jegliches Aussehen
nach ihrem Wunsch annehmen, von Schönheit zur Pracht und vom Licht
zum Glanze der Herrlichkeit" (51,10b). Das scheint zuerst eine phantastische
Übertreibung, daß sie in jeder beliebigen Gestalt erscheinen können; doch
ist dann nur ausgesagt, daß sie die höchste Herrlichkeit erlangen, die sie
sich nur wünschen können (cf. 2Kor 3,18), sodaß „bei den Gerechten die
Erhabenheit größer sein wird als bei den Engeln" (51,12; cf. 1Kor 6,3: wir
werden die Engel richten).

Die Zeit der Herrlichkeit, die Welt, deren Bewohner nicht altern (51,16),
steht denen bereit, „die errettet wurden aus dieser Welt des Schmerzes und
abgelegt haben ihre Last an Bedrängnissen" (51,14), die Zeit, „deren Ausgang
voll ist von Seufzern und Übel" (51,16). Der Abschnitt schließt so mit einem
weltfremden Akzent wie er begonnen hat (49,3). Wie es 44,8 ausdrücklich
heißt, „das Gegenwärtige ist nichts, das Zukünftige jedoch wird sehr groß
sein". Diese Welt bringt dem Menschen nur Kampf und Mühsal (15,8); gäbe
es nur das diesseitige Leben, es wäre nichts als Bitterkeit (21,13). Darum
fragt auch der Sterbliche, wielange seine Zeit dauert (21,19), und verläßt
furchtlos diese Welt, um die Welt zu empfangen, die Gott verheißen hat
(14,12f),[18] im Bewußtsein, daß es um die Toten besser steht als um die
Lebenden (11,7).

---

[15] Rabbinische Parallelen bei L. GINZBERG, JE II 551-6.

[16] Siehe D. ROESSLER, Gesetz und Geschichte, Neukirchen 1960, 97f, und W. HARNISCH
228f.

[17] Cf. auch LAB 33,5: „erit autem similitudo vestra tunc tamquam sidera celi, que
nunc in vobis manifesta sunt". Von Moses hingegen heißt es LAB 19,16 schon vor seinem
Tod: „mutata est effigies eius in gloria et mortuus est in gloria".

[18] „Diese Welt": der syrische Ausdruck bedeutet wörtlich „Wohnung", was P.
BOGAERT z.St. mit „Leben" übersetzt, in welchem Sinn das Wort öfter gebraucht ist.

Bei solcher Einstellung zur Welt kann auch die Auferstehung nicht einfach Rückkehr zu rein irdischem Glück sein: die Welt ist wesentlich vergänglich, Ort der Drangsal, voll von Leid, da von Sünde befleckt (44,8-10); der menschliche Leib ist im Bösen und in ihm vollendet sich das Böse: daher erwartet sich 2Bar, wie ja auch Paulus, eine neue Auferstehungs-leiblichkeit, deren Kennzeichen die der himmlischen Welt sind, Herrlichkeit und Unvergänglichkeit.

Ort der Auferstehung ist dann auch nicht mehr die Erde, auch nicht in gereinigter Form als die „neue Erde", sondern die jetzt unsichtbare Welt (51,8; cf. 4Esra 7,26), die unsterbliche (51,3). Auf den Höhen dieser Welt werden sie wohnen" (51,10[19]), „vor ihnen werden sich die Räume des Paradieses ausbreiten und es wird sich ihnen zeigen die erhabene Schönheit der Lebewesen unter dem Throne und alle die Heere der Engel" (51,11).

Man beachte den Unterschied zu 4Esra, mit dem 2Bar sonst so viel gemeinsam hat: dort ist das unsichtbare Land das am Ende auf Erden erscheinende Paradies; hier hingegen ist das Paradies in der Höhe (cf. 1He-noch; nach AssMos 10,9f wird Israel am Ende am Sternenhimmel schweben und von dort auf die Feinde herabschauen); das Paradies verschmelzt mit der himmlischen Welt, in der die Gerechten die Wesen unter dem Throne sehen können: es scheint hier wohl schon die Merkaba-Spekulation durch, die ja mindestens auf die Zeit von 2Bar zurückgeht: R. Jochanan ben Zakkai gilt als ihr Begründer.[20] Auch dort ist das Paradies schon mit dem Himmel gleich, wie in der bekannten Erzählung Chag 14b von den vier Rabbis, die in das Paradies, d.h. den Himmel, gingen.[21]

Somit ist das Auferstehungsleben hier in das himmlische Paradies ver-legt, nicht mehr auf Erden gedacht; und die Auferstehungsleib-Vorstellung wird ausdrücklich dem Ort des Auferstehungslebens angepaßt (51,3): das heißt, daß die Vorstellung des Auferstehungsleibes direkt von der Auf-fassung abhängt, wo die Auferstandenen leben! Da die Auferstehungswelt hier vergeistigt, sublimiert wird, wandelt sich auch entsprechend der Auf-erstehungsleib: es ist ein Leib der Herrlichkeit, ein verklärter Leib, so strahlend, daß man die Identität der Auferstandenen nicht mehr feststellen könnte. Deshalb müssen — aus apologetischen Gründen — die Toten zuerst

---

[19] P. BOGAERT II 94 schreibt, mit dieser Wendung könne der Himmel gemeint sein, wahrscheinlicher aber sei es „un reste de l'imagerie traditionnelle de la montagne sa-crée" (cf. 1Hen 32,1). Ich glaube kaum, daß das für die Auslegung einen wesentlichen Unterschied ausmacht. N. MESSEL, Einheitlichkeit 84, ändert willkürlich den Text, um ihn auf die Erde deuten zu können. Zur Terminologie von 51,10f vgl. 1QH 3,20, wonach das Gemeindemitglied, das schon teil hat an der himmlischen Welt, erhoben wird zur „ewigen Höhe", auf die „grenzenlose Ebene": zu diesem Text siehe H.W. KUHN, Ender-wartung 56-59.
[20] Cf. G.F. MOORE I 411ff.
[21] Siehe dazu G. SCHOLEM, Jewish Gnosticism, Merkabah Mysticism, and Talmudic Tradition, New York 1960, 14-19.

in materiell-irdischer Leiblichkeit auferstehen, bevor sie verwandelt werden in ihre neue Daseinsweise.

Da die Auferstehungswelt unvorstellbar ist, kann man auch die neue Auferstehungsleiblichkeit nicht beschreiben; ja man könnte sich sogar gegen den Gebrauch des Wortes „Leib" wenden, würde man es nicht lösen von irdischer Materialität. Über die Begriffe kann man diskutieren; jedenfalls ist die Existenzweise der Auferstandenen hier nicht mehr irdisch-stofflich gedacht, aber auch nicht rein geistig. Man weiß einfach nichts vom Paradies und vom Thronwagen, kann es sich nicht vorstellen; diese Welt als die göttliche ist einfach Licht, Schönheit, Herrlichkeit, eine völlig andere, aber immerhin konkrete, da höchst wirkliche Welt.[22]

2) Andere Texte von 2Bar.

Außer in den soeben besprochenen Kapiteln kommt der Gedanke der Auferstehung in 2Bar noch öfter vor. Wenn wir uns jetzt diesen Texten zuwenden, gilt es besonders, sie mit den Kapiteln 49-51 zu vergleichen: ergänzen und bestätigen sie die dortige Lehre oder stehen sie dazu im Widerspruch?

a) In *2Bar 21* betet der kleinmütige Apokalyptiker zu Gott, dem „allein Lebendigen, Unsterblichen" (21,10), ihn über das Ende aufzuklären. „Denn wenn für jedermann nur das diesseitige Leben da wäre, so gäbe es nichts Bittereres als dies" (21,13; cf. 1Kor 15,12-34). So soll nun Gott das Ende beeilen: „Jegliches Wesen ist nun sterblicher Natur. Halte doch den Todesengel zurück; es zeige sich deine Herrlichkeit und kund werde die Größe deiner Pracht! Versiegelt werde die Unterwelt, daß sie Tote nicht mehr empfange; befreien sollen die Kammern die Seelen, die darin eingeschlossen sind; denn zahlreich sind für uns die Jahre (die verflossen sind) seit den Tagen Abrahams, Isaaks und Jakobs und aller, die ihnen gleichen, die in der Erde schlafen" (21,22-24; cf. LAB 3,10; 15,5; 21,9; 33,3). Wir folgen hier der Übersetzung von P. BOGAERT: der Text ist hier etwas in Unordnung und daher gehen die einzelnen Übersetzer stark auseinander.[23]

Die folgenden Gedanken sind jedoch deutlich: die *Unterwelt* empfängt die Toten; die Seelen sind in den *Kammern* aufbewahrt; die Toten schlafen in der *Erde*. Das erinnert sofort an 4Esra 7,32: terra - pulvis - promptuaria

---

[22] Mit der Verwandlung der Auferstandenen in 2Bar vgl. 3Hen 15 (Ausgabe von H. ODEBERG, 3Enoch or the Hebrew Book of Enoch, Cambridge 1928), wie der ganze Leib des Metatron=Henoch in Feuer verwandelt wird, damit er am Throne Gottes und an den Rädern der Merkaba seinen Dienst verrichten kann; cf. 3Hen 48(C) 6f und 2Hen 22,8f (N. BONWETSCH, Das slavische Henochbuch, Berlin 1896; in dem von A. VAILLANT gebotenen Text in Le livre des secrets d'Hénoch, Paris 1952, siehe Kapitel 9 am Ende).

[23] Siehe P. BOGAERT II 52f zum Text. In 21,22 beläßt er mit M. KMOSKO und R.H. CHARLES den Text ohne Korrektur (B. VIOLET hingegen liest: „So nimm weg nun das sterbliche Wesen"; auch V. RYSSEL verändert den Text). Mit der Übersetzung „für uns" in v. 24 folgt BOGAERT einem Vorschlag von H. GRESSMANN (in VIOLET II 346).

animarum (1Hen 51,1 Erde - Scheol - Hölle; LAB 3,10 terra - infernus - perditio). In 4Esra hat sich ergeben, daß der Vers uneinheitliche Vorstellungen bekundet: neben der alten Auffassung, daß die Toten (als ganze) im Staub, in der Erde, in der Scheol schlafen, steht der neue Gedanke, daß die Seelen in den Kammern sind — und demnach in der Erde nur der entseelte Leib sein kann.

Ähnlich uneinheitlich werden demnach auch hier die Vorstellungen sein: neben den traditionellen Ausagen über die Erde und die Unterwelt, die die Toten empfängt, ist auch hier der Gedanke der Seelenkammern. Zwar besteht irgendwie ein Zusammenhang zwischen den Seelenkammern und der Scheol (cf. in 4Esra 4,41: „die Scheol und die Kammern der Seelen sind dem Mutterschoße gleich"; in 2Bar beachte man die negative Bewertung der Kammern, worin die Seelen „eingeschlossen sind"). Doch kann man die Seelen in den Kammern wohl nicht mit den Toten gleichsetzen, die in der Erde schlafen. Hier stoßen sich Tradition und neue Vorstellung. Aber gegenüber 4Esra ist hier wohl die traditionelle Auffassung stärker als die neue Sprechweise von den Seelenkammern. Besonders in 21,24 wird deutlich, wiesehr der Autor trotz Anpassung an die gängige Ausdrucksweise an der Tradition festhält.[24]

b) Wir finden den Gedanken der Auferstehung wieder in *30,1-5*: „Wenn darnach die Zeit der Ankunft des Messias erfüllt sein wird und er in Herrlichkeit zurückkehrt, dann werden alle, die in der Hoffnung auf ihn entschlafen sind, auferstehen. Zu jener Zeit werden die Kammern geöffnet werden, in denen die Zahl der Seelen der Gerechten bewahrt worden ist, und sie werden herausgehen. Und es wird die Menge der Seelen erscheinen, allesamt in einer Schar von einer Gesinnung; die ersten werden sich freuen und die letzten sich nicht betrüben; ...wenn aber die Seelen der Frevler alles dieses sehen, dann werden sie völlig vergehen; denn sie wissen, daß ihre Strafe sie erwartet und ihr Untergang gekommen ist".

Es ist umstritten, ob v. 1 vom Kommen des Messias auf Erden spricht[25] oder von seiner Rückkehr in den Himmel;[26] davon hängt aber ab, ob die Auferstehung in das messianische Reich auf Erden erfolgt oder in den

---

[24] Daß die primäre Vorstellung bei 2Bar (im Gegensatz zu 4Esra) nicht die promptuaria, sondern die Scheol ist, sieht man schon daraus, daß nur zweimal, 21,23 und 30,2, die Kammern als Aufenthaltsort der Toten erwähnt werden, sonst immer die Scheol, die Erde, der Staub oder das Feuer. Auch ist der Begriff der Kammern bei 2Bar viel allgemeiner gebraucht. Aus neun Verwendungen des Wortes haben nur zwei, eben die genannten, die spezifische Bedeutung der Selenkammer. Bei Esra hingegen ist es gerade umgekehrt: nur 4Esra 6,22 und vielleicht 5,37 verwenden promptuaria nicht von den Seelen; außerdem 6,40 thesaurus des Lichtes und 7,77 thesaurus der guten Werke. Die Verwendung des Ausdrucks in 2Bar entspricht eher der allgemeinen Bedeutung der Schatzkammern wie in Chag 12b, wonach im Araboth, dem siebenten Himmel, die Seelen der Gerechten, die Seelen und Geister, die noch geboren werden müssen, der Tau, mit dem Gott die Toten auferweckt usw. aufbewahrt sind.
[25] So B. VIOLET z.St.
[26] So R.H. CHARLES, V. RYSSEL, P. RIESSLER, P. BOGAERT.

Himmel — eine Auferstehung auf die vom Messias schon wieder verlassene Erde ist doch undenkbar!

Für die Deutung auf die Rückkehr des Messias in den Himmel spricht vor allem der Ausdruck „zurückkehren" (30,1), der vom ersten Kommen des Erlösers sicher eigenartig wäre. B. VIOLET [27] verweist zwar auf den Taeb der Samaritaner für die Verwendung dieses Ausdrucks vom ersten Kommen des Messias, doch liegt dieser Gedanke hier vor? [28] Wenn es so ist, denkt der Autor an eine stufenweise Ankunft der messianischen Zeit: 29,3 fängt der Messias an, sich zu offenbaren, und jene, die das Ende der Zeiten erleben durften, können vom Manna essen. 30,1 kommt dann erst die Offenbarung des Messias zur Vollendung, begleitet von der Auferstehung der Gerechten und der Vernichtung der Sünder. Sollte diese Auslegung richtig sein, würde die Auferstehung auf die Erde erfolgen.[29]

Kennt also 2Bar die Auferstehung der Gerechten am Beginn der messianischen Zeit (die gefolgt wäre von der allgemeinen Auferstehung zum Gericht am Ende in 2Bar 49 - 51: zu dieser Vorstellung einer zweifachen Auferstehung siehe die Kommentare zur Apokalypse des NT)?

2Bar 72 - 74 kann uns über die messianische Zeit mehr Aufschluß geben: Wenn die Zeit des Messias kommen wird, „wird er alle Völker berufen und einige wird er am Leben erhalten und einige töten" (72,2), je nach ihrem Verhalten zu Israel. 2Bar 73 - 74 schildert dann den Frieden und die Herrlichkeit, wenn sich der Messias auf den Thron seines Königreiches gesetzt hat und Freude auf der ganzen Erde herrscht, keiner mehr vorzeitig stirbt und sich nichts Widriges ereignet. Dann werden die Frauen ohne Schmerz gebären und die Schnitter und Bauleute ohne Mühe ihre Arbeit verrichten. Also eine klassische Schilderung eines irdischen Messiasreiches ohne Leid, in dem der Mensch nicht vorzeitig sterben muß, sondern sein Leben voll auskosten kann (cf. z.B. Is 65,20: „Es wird keinen Alten geben, der nicht seine Zeit erfüllt. Mit hundert Jahren sterben wird jung sterben sein und nicht hundert Jahre erreichen wird als Zeichen des Fluches gelten"). Die

---

[27] B. VIOLET, Apokalypsen 246.

[28] Konsequenter ist hier noch J. LANGEN, Commentatio qua Apocalypsis Baruch anno superiori primum edita illustratur, Bonn 1867, 21, der den Vers vom zweiten Kommen des Messias versteht: „de eius altero adventu glorioso clare loquitur... Quae igitur in Esdrae apocalypsi singilatim de Messiae regno traduntur: ea Pseudo-Baruch ita coniungit, ut terreno regno reditum Messiae gloriosum, resurrectionem, iudicium, regnum denique aeternum succedere doceat". Doch ist natürlich diese Darstellung eine unmögliche Systematisierung! Auch W.O.E. OESTERLEY XXXII versteht den Vers vom zweiten Kommen des Messias auf Erden.

[29] 29,3 stößt sich R.H. CHARLES, The Apocalypse of Baruch (1896) 52, am Text, daß der Messias „anfängt", sich zu offenbaren, und möchte stattdem lesen: „die Herrschaft des Messias" (oder: „der Messias-Fürst") wird geoffenbart werden. Doch gibt es dafür keine Stütze im Text. Man kann wohl „anfangen" im Sinn von LAB 19,12 (zu Moses: „sepulchrum tuum in quo incipies sepeliri") als „bald, jetzt gleich" verstehen. Das und die Schilderung der messianischen Zeit in 2Bar 29 (man ißt schon Behemoth und Leviathan, cf. im Talmud BB 75a), die in sich vollständig ist, lassen kaum eine neue Stufe im messianischen Reich erwarten, woran dann auch die Auferstandenen teilnehmen werden!

Bürger dieses Reiches sind nicht unsterblich, sondern nur „nahe denen, die nicht sterben" (74,3).[30]

Nun übersetzt aber B. Violet, in Übereinstimmung mit seiner Deutung von 30,1 in 72,2 statt „am Leben erhalten" mit „beleben", setzt hier also die Auferstehung der Gerechten voraus. *Nache* kann beides bedeuten. Hier steht es als Gegensatz zu „töten", wozu „am Leben erhalten, retten" wohl besser paßt: so steht vivificare als Gegensatz zu „töten" im Sinn von „am Leben erhalten" mehrmals in LAB, so 58,2-4 dreimal: Saul „expugnavit Amalech et vivificabat Agag regem Amalech"; doch Gott sagt ihm: „Qui per te vivificatus est morietur nunc", cf. LAB 9,1. Auch bietet 2Bar keine Belegstelle, wo die Vorstellung einer Auferstehung für das messianische Reich ohne Zweifel ist. Die beiden Stellen Violets können den Beweis nicht tragen.

Somit bleibt für 30,1 nur diese Deutung möglich: es geht um die Rückkehr des Messias in den Himmel am Ende seines Reiches. Dann erst werden die Toten auferstehen.[31] Die Seelen der Gerechten, die auf ihn gehofft haben, werden aus ihren Vorratskammern hervorgehen. Die Seelen der Sünder sind anscheinend in anderen Kammern, oder, wie in 4Esra 7,80, dürfen nicht in die Kammern eingehen, sondern müssen umherirren; jedenfalls können sie feststellen, daß nun das Ende da ist, ihre Pein und ihr Untergang; sie werden vor Angst ganz vergehen.

Ist das Hervorgehen aus den Kammern nur ein Teilaspekt der Auferstehung der Entschlafenen, wie im zuvor besprochenen Text 21,22-24? Das ist denkbar, doch könnte es auch eine Abwandlung der Auferstehungsvorstellung selbst sein, sodaß das Herauskommen der Seelen eine „entmythologisierte" Vorstellungsform der Auferstehung wäre. Übrigens weist die Bezeichnung der Toten als Entschlafene eher auf die Erde, worin die Toten schlafen (2Bar 11,4 „die Gerechten schlafen in der Erde in Ruhe"): von den Kammern ist dieser Ausdruck nicht üblich. Das zeigt wieder einmal die gegenseitige Durchdringung alter und neuer Vorstellungsreformen, und die formelhafte Sprache des Autors, die man nicht überbewerten und überinterpretieren darf.

Vergleichen wir 30,1-4 mit 49 - 51: dort sprach 2Bar von einer allgemeinen Auferstehung der Toten aus der Erde in alter Leiblichkeit, bevor sie in Herrlichkeit bzw. Schande umgewandelt werden. Hier hingegen erfolgt die Auferstehung aus den Kammern und ist auf die beschränkt, die auf den Herrn gehofft hatten. Doch ist vielleicht der Gegensatz beider Stellen nicht unüberwindbar. Man könnte 30,1-4 als eine einfachere Version betrachten, unbelastet von apologetischen Bemühungen um die Erkennbarkeit der Auf-

---

[30] Anders übersetzt P. Bogaert: „Aussi est-il (=diese Zeit) tout proche pour ceux qui ne mourront point". Demnach wäre also direkt die Unsterblichkeit ausgesagt.

[31] In 30,1 übersetzt man statt „Ankunft" besser „Gegenwart" (mit R.H. Charles, The Apocalypse of Baruch (1896) 56: *metito* gibt gewöhnlich *parousia* wieder, das auch diesen Sinn haben kann.

erstandenen. Hier wie dort sind die Sünder im Hintergrund, nur Kulisse für das Geschehen an den Gerechten. Auch sprechen beide Stellen von ihrer Umwandlung und Peinigung. Der Endzustand der Gerechten dürfte ebenfalls nicht allzu verschieden gedacht sein, da ja auch 2Bar 50f sie durch die Umwandlung in Herrlichkeit der rein irdisch-materiellen Leiblichkeit entrückt. Als wesentlicher Unterschied bleibt der Gedanke der Kammern gegenüber dem Ruhen der Toten in der Erde, wobei aber auch dieser Gedanke vielleicht im Ausdruck „die entschlafen sind" noch nachwirkt. Der Autor von 2Bar dürfte sich jedenfalls kaum eines Widerspruchs zwischen 30,1-4 und den Kapiteln 49 - 51 bewußt gewesen sein.

c) *2Bar 42* spricht vom allgemeinen Ausgleich am Ende, vom Schicksal derer, die vom erwählten Volk abgefallen sind, und jener, die sich von der Sünde weg dem „Leben" zugewendet haben (42,4-5). Dann heißt es 42,7: „Denn die Vernichtung wird wegnehmen, die ihr gehören, und das Leben die, welche ihm eignen (cf. 85,15). Und der Staub wird gerufen und zu ihm gesagt: Gib zurück, was dir nicht gehört, und stell her (oder „laß auferstehen": RYSSEL, CHARLES, RIESSLER), was du bewahrt hast für seine Zeit" (cf. MidrPs 1,20, wo die Erde sagt: „Ich bin die Geliebte, in deren Schatten alle Toten der Welt verborgen sind. Doch wenn der Heilige, gepriesen sei er, es von mir fordert, werde ich ihm zurückgeben, was er bei mir hinterlegt hat").

Der Text ist zu kurz für genaue Auslegung. Er erwähnt nur den Staub, nicht die Kammern, und entspricht so 50,2; auch scheint nur an eine Auferstehung der Gerechten gedacht zu sein (wie in 30,1-4), zumindest auf den ersten Anschein, obwohl sich 42,7b auch auf beide Gruppen beziehen könnte, diejenigen, die (anschließend) die Vernichtung entführt, und die, welche dem Leben angehören. Die Frage, ob es eine allgemeine Auferstehung oder eine Auferstehung nur der Gerechten gibt, war ja durchaus nicht entschieden; der Autor von 2Bar, der so viele und sicher auch verschiedenartige Traditionen übernimmt, mag in diesem Punkte selber geschwankt haben, sich nicht haben entscheiden können, oder auch die Frage als unwichtig erachtet haben. Wesentlich sind ihm ja nur die Gerechten; bezüglich der Sünder genügt die Sicherheit, daß sie ihrer verdienten Strafe nicht entkommen.

Dieselbe Unbekümmertheit sehen wir auch in der *Frage nach dem Wo der Toten.* 21,22-24 sprach von den Seelen in den Kammern, und von denen, die in der Erde schlafen; 30,1 erwähnt zuerst allgemein die Auferstehung und dann das Hervorgehen der Seelen aus den Kammern, während hier der Staub die Toten wiedergibt, wie 50,2 die Erde. 4Esra 7,32 erwähnte Staub, Erde und Kammern zusammen: daher sollte man auch hier keinen Widerspruch zwischen den verschiedenen Aussagen sehen, sondern eher die Spannung zwischen Tradition und neuerem Denken.

Während aber 4Esra den Eindruck machte, ganz der neueren Gedankenwelt anzuhangen (Seelenkammern) und die Tradition nur noch als Relikt mitzuführen, als geheiligte Sprache, die man notwendig weiterverwendet, scheint es in 2Bar gerade umgekehrt zu sein: man könnte ihn einen traditionsgebundenen Thoelogen nennen, der mehr äußerlich die neue Terminologie übernimmt. Er kann zwar gelegentlich sagen, daß Toten in den Seelenkammern sind (21,23; 30,2), doch gleicht er diese ziemlich der Scheol an — die Kammern sind als Gefängnis vorgestellt, wo die Entschlafenen schmachten [32] — und gibt überhaupt der Erde (11,4; 50,2), dem Staub (42,7), der Scheol (11,6; 50,2) als Aufenthalt der Toten (nicht nur der Leiche!) ein deutliches Übergewicht.

Was bei 2Bar gegenüber 4Esra und früherer apokalyptischer Literatur neu ist, ein Fortschritt, ist die Vorstellung der Auferstehungswelt nicht als „Himmelreich auf Erden", sondern als im Himmel befindlich. Das schon in früherer Tradition zwischen Himmel und Erde gedachte Paradies (im dritten Himmel) wird nun ganz in den Himmel verlegt; in den Fluren des Paradieses hat der auferstandene Gerechte sogar Zutritt zum göttlichen Thronwagen. Die Auferstehungsleiblichkeit ist der Auferstehungswelt angepaßt, wird unbeschreibbar wie diese selbst, nur noch durch Licht, Schönheit, Herrlichkeit angedeutet.

Zusammenfassend können wir also sagen: 2Bar erwartet ein messianisches Reich auf Erden. Wenn dieses zu Ende geht, kehrt der Messias in den Himmel zurück und dann erfolgt die Auferstehung: die Erde gibt heraus, was ihr anvertraut ist, oder auch die mit der Scheol fast identifizierten Kammern. Die Toten kehren wieder in ihrer urprünglichem Gestalt, damit sie einander erkennen und von den Überlebenden erkannt werden. Dann wandeln sich die Gerechten, entsprechend ihrem neuen Aufenthaltsort, der himmlischen Welt, in Licht und Herrlichkeit, während die Sünder dahinschwinden. Ob die Sünder im eigentlichen Sinn auferstehen, ist dem Autor wenig wichtig; bedeutend ist nur ihre Bestrafung. Wo der Autor die Auferstehung in ihrer beseligenden Kraft betrachtet, kann er darum die Sünder völlig übergehen.

Auch die Auferstehungsleiblichkeit erfährt in diesem Schema eine Änderung: zwar kehren zuerst die Toten in ihrer irdischen Leiblichkeit wieder — aus apologetischem Motiv — doch ist das nur ein Zwischenzustand; die eigentliche Auferstehungsleiblichkeit wird gewissermaßen „verdünnt", irdischer Materialität enthoben. Trotzdem bleiben die Auferstandenen irgendwie leiblich, da sie wie die ganze himmlische Welt konkret sind, vollste Wirklichkeit; aber sie sind doch völlig anders als auf Erden und so unvorstellbar, unbeschreibbar.

---

[32] Nach P. HOFFMANN, Die Toten in Christus 152, sind die Ausdrücke „schmachten, gefangengehalten werden" formelhaft gebraucht. Eher glaube ich, daß nicht die Beschreibung des Zustands der Seelen formelhaft gebraucht ist, sondern der Ausdruck „Seelenkammern". Grundlegend für 2Bar bleibt die Scheolvorstellung.

VII. Kapitel:

Liber Antiquitatum Biblicarum

Der lange Zeit Philo zugeschriebene Liber Antiquitatum Biblicarum (=LAB) wurde zwar schon 1527 von J. Sichardus erstmalig herausgegeben;[1] doch fand das Buch praktisch erst seit diesem Jahrhundert[2] und besonders seit der Textausgabe von G. Kisch[3] größere Beachtung.

LAB ist eine midraschartige[4] Neuerzählung der biblischen Geschichte bis zum Tode Sauls, also gewissermaßen eine Ergänzung zu Chronik.[5] Der erhaltene lateinische Text geht über eine verlorene griechische Übersetzung auf einen ebenso verlorenen hebräischen Text zurück, der nach 70 n.Chr. entstand[6] und mit 4Esra und 2Bar viele Beziehungen aufweist.[7] Ob es sich

---

[1] J. Sichardus, Philonis Iudaei Alexandrini, Libri Antiquitatum. In dieser Zeit studierte den LAB besonders Azariah dei Rossi, vermutlich nach der Ausgabe des Sichardus: R. Marcus, A 16th Century Hebrew Critique of Philo, HUCA 21 (1948) 29-71, zu LAB 42-44. Die Dissertation von C. Dietzfelbinger, Pseudo-Philo, LAB, Göttingen 1964, war mir nicht zugänglich.

[2] Die erste und noch immer grundlegende Studie zu LAB ist L. Cohn, An Apocryphal Work ascribed to Philo of Alexandria. Bisher einziger Kommentar zu LAB ist der von M.R. James (äußerst knapp, nur einzelne Anmerkungen).

[3] Indiana 1949. Wir zitieren nach Kisch, auch in Orthographie und Kapitelzählung, verwenden aber auch die editio princeps des Sichardus (ed. pr.), die oft die besseren Lesarten aufweist: Sichardus verwendete zwei MSS, die nicht mehr vorhanden sind; Kisch folgt gewöhnlich dem MS von Admont oder dem von Melk. Nach R. Bloch, Quelques aspects 102, ist der Text von Kisch „bien inférieur à celui de l'editio princeps de Bâle". Auch G.E. McCraken, Crozer Quarterly 27 (1950), 170ff, ist in einer Besprechung von Kischs Ausgabe sehr kritisch, besonders wegen der Bevorzugung des MS von Admont und der dortigen Orthographie.

[4] Nach L. Cohn 314 gehört LAB „to the oldest specimens of historic Hagadah"; „its Midrashic character everywhere appears" (p. 322). Näher zum Genus litterarium von LAB M. Delcor, SDB 7 (1966), 1354-1375, Artikel Philon (Pseudo-), pp. 1364-67.

[5] So P. Riessler 1315. Ebenso A. Spiro, Pseudo-Philo's Saul 119; idem, Samaritans 280 Anm.8; M. Delcor, SDB VII 1364. Von daher, daß LAB Chron ergänzen soll, schließt A. Spiro auch gegen die verbreitete Ansicht, LAB sei nicht vollständig erhalten, da er mit dem Tode des Saul aufhöre (Samaritans 308). Auch A. Jaubert, La notion de l'Alliance 286, hält das für möglich: nach ihr hört LAB mit dem Tod Sauls, vor dem Regierungsantritt Davids auf, um die Erwartung des davidischen Messias zu betonen.

[6] L. Cohn 327 datiert LAB kurz nach 70 n.Chr. Ihm folgen fast alle Autoren, so M.R. James, G. Kisch, M. Delcor; ebenso O. Eissfeldt, Zur Kompositionstechnik des pseudo-philonischen LAB, NTT 56 (1955) 53-71, p. 53. Dagegen wollen andere LAB früher ansetzen, so A. Spiro, Samaritans 282: zwischen 160 v.Chr. und Josephus. P. Bogaert I 246.257f übernimmt Spiro; J. Hadot, La datation de l'Apocalypse syriaque de Baruch, Sem 15 (1965) 79-95: etwa zwischen 100 und 63 v.Chr. (p. 94); cf. auch R. Le Déaut, La nuit pascale, Rom 1963, 188. Auch G. Vermes, Scripture and Tradition 6, glaubt, daß LAB oder zumindest seine Tradition viel älter sein kann als die übliche Datierung, die auf

um literarische Abhängigkeit oder gemeinsame Quellen handelt, wird nicht einhellig beantwortet.[8] Zugleich schlägt LAB schon eine Brücke zwischen apokalyptischer und rabbinischer Literatur.[9] Neuerdings betont man wieder die Nähe von LAB zum Essenismus (so schon P. RIESSLER),[10] nun aber auch zur Gnosis,[11] und sieht einen grundlegend Zug von LAB in der antisamaritanischen Polemik.[12] Die gesamte religionsgeschichtliche Einordnung von LAB bedarf erst genauerer Untersuchungen.

Zu unserer Frage nach dem Auferstehungsleib sind besonders aufschlußreich die Verheißung Gottes an Noe nach der Flut (3,10), die Rede Gottes mit Moses vor dessen Tod (19,12), das Canticum Annae (51,5) und indirekt auch die Episode mit der Hexe von Endor (64,7). Doch bevor wir

---

sehr fragwürdigen Gründen beruhe. Daß die übliche Datierung fragwürdig ist, darin hat VERMES sicher recht; doch scheint mir eher, daß LAB jünger ist als allgemein angenommen. Ein Datum etwa zugleich mit 4Esra und 2Baruch scheint mir wahrscheinlicher, besonders wegen der Nähe LABs zu rabbinischem Denken und Stil. Übrigens verweist auch M.R. JAMES 32f darauf, daß zwischen der Zerstörung Jerusalems und LAB beachtliche Zeit vergangen zu sein scheint und man das Buch sogar nach 135 n.Chr. ansetzen könnte, würde nicht die Übernahme des Buches durch die Christen dagegen sprechen, das Buch zu spät im zweiten Jahrhundert anzusetzen.

[7] Zu den Parallelen mit 2Bar und 4Esra vgl. M.R. JAMES 46-58; idem, Notes on Apocrypha: Pseudo-Philo and Baruch, JTS 16 (1915) 403-405. B. VIOLET, Die Apokalypsen XLVII-XLIX und LXXVII-LXXXI (LAB als Quelle für 4Esra und 2Bar).

[8] Gegenüber den Behauptungen von JAMES und VIOLET (der übrigens nur JAMESS Ausgabe kennt und nicht den lateinischen Text), daß LAB direkt Quelle für 2Bar und 4Esra sei, bedeutend vorsichtiger O. EISSFELDT, Einleitung in das AT, Tübingen [3]1964, 853: Bar und Esra haben aus LAB oder einer Quelle von LAB geschöpft. Noch zurückhaltender A. STROBEL, Untersuchungen 76. Eine literarische Abhängigkeit des Bar oder Esra von LAB scheint mir durchaus nicht erwiesen und daher gelten diese Schriften auch nicht als terminus ante quem für LAB.

[9] L. COHN 324: LAB ist irgendwie mit den apokalyptischen Schriften verwandt, aber auch nicht im Gegensatz zu Geist und Auffassung des rabbinischen Judentums. L. GINZBERG, The Legends of the Jews, vol. V und VI, Philadelphia 1925/28, führt zahlreiche rabbinische Parallelen an. Ebenso G. VERMES, Scripture and Tradition. Natürlich gibt es auch viele Unterschiede zu rabbinischen Vorstellungen, besonders in der Beurteilung verschiedener Personen wie Balaam (Rabbinen viel negativer: siehe G. VERMES 127ff, besonders 173) oder Saul (bei den Rabbinen ein großer Held: A. SPIRO, Pseudo-Philo's Saul 135f).

[10] P. RIESSLER 1315. J. SCHMITT, L'Organisation de l'Eglise Primitive et Qumrân, Recherches Bibliques IV, Brügge 1959, p. 225. M. PHILONENKO, Remarques sur un hymne essénien; idem : Une paraphrase du cantique d'Anne 168; idem: Essénisme et gnose chez Pseudo-Philon. Gegen die essenische Auslegung von LAB A. SPIRO, Samaritans 323. Auch M. DELCOR, SDB VII 1373f, betont, daß die Bestimmung von LAB als essenisch nicht genügend belegt ist: wenn PHILONENKOS Exegese von LAB 60 (Remarques) richtig ist, müsse man sich fragen, ob nicht dieser Psalm in ein nicht essenisches Werk später eingefügt worden sei.

[11] M. PHILONENKO, Essénisme et gnose, sowie Remarques.

[12] A. SPIRO, Samaritans passim. Gegen L. COHNS Meinung, p. 322, der LAB „complete absence of all purpose other than that of religious edification" zuschreibt, bezeichnet A. SPIRO, Samaritans 282, den Autor als „a brilliant polemicist, a first-rate doctrinarian"; der antisamaritanische Charakter von LAB ergibt sich besonders aus dem Verschweigen von biblischen Daten, besonders geographischer Namen Samarias. M. DELCOR, SDB VII 1362, denkt, daß LAB darin Chron nachahmt, die ebenfalls antisamaritanisch ist und den Norden völlig ignoriert.

auf diese Texte näher eingehen, müssen wir uns den anthropologischen Vorstellungen von LAB als Denkvoraussetzung für die Auferstehungsvorstellungen widmen.

I. Die Anthropologie von LAB:

Um die anthropologischen Vorstellungen von LAB zu erheben, fragen wir nach seiner Verwendung von corpus, anima, spiritus, sowie nach seinen Aussagen über das Sterben und den Aufenthalt der Toten.

1) *corpus*: alle Stellen, wo LAB das Wort corpus verwendet (zehnmal, sehr wenig für die Länge der Schrift), meint er damit entweder den Leichnam (6,14; ? 15,5; 15,6; 27,12; 31,7; 45,4) oder den Leib des dem Tode nahen Menschen (16,3; 43,7; 44,9.10), des Sterbenden. So heißt es 44,9 von der Mutter des Micha: „erit... marcescens viva super terram, et vermes exibunt de corpore eius": zu Lebzeiten ist sie schon deutlich den Toten gleichgestellt. Diese beschränkte Verwendung von corpus entspricht dem AT, wo das *sōma* der LXX sehr oft einen hebräischen Ausdruck für „Leiche" wiedergibt.

2) *anima*, vom *lebenden Menschen* ausgesagt, steht daher nie im Gegensatz zu corpus (16,3 bezieht sich auf Todgeweihte, die man schon gleich Toten erachtet). Es kann die *Person* bezeichnen, wie 54,6 in den Worten der Schwiegertochter Helis (cf. 1Sam 4,19ff, wo diese Worte fehlen): „Ecce nunc una anima nata est, et quatuor morimur". So auch 58,1: „ne obliviscaris quin perdas omnem animam ex eis" (=Amalech). Ähnlich ist es, wenn anima statt des *Personalpronomens* steht (stets jedoch mit einer gewissen Nuance: religiöse oder psychologische Ausage) wie 62,5: „anima mea persecutionem patitur" (auch 13,2; 31,3.4.6; 36,1; 40,5.6; 43,2; 47,1; 49,2 von Gott ausgesagt; 62,9). Manchmal ist die Bedeutung „*Leben*" miteingeschlossen oder überwiegt auch, so 31,3 von Sisera: „ut liberaret animam suam" (auch 40,5), oder wird ganz ausschließlich, wie 32,3 vom Opfer Isaaks: „dignificavit Dominus animam hominis in sacrificium". 40,1 steht anima synonym zu *cor* (so auch 50,2: aus Vergleich mit 46,4 und 53,11).

Diese Verwendung von anima entspricht vollkommen dem ATlichen *nefesch*: anima bezeichnet den Menschen als Lebendigen, einen bestimmten Aspekt seines Daseins. Es ist jedoch nicht ausgeschlossen, daß der lateinische Übersetzer manchmal seine eigene Auffassung eingetragen hat, wie es 13,10 „de salvatione animarum populi" oder 13,2 „exorabitis pro animabus vestris" unter Umständen möglich ist (so vielleicht auch 2Bar 52,7: „Bereitet eure Seele vor für das, was euch vorbehalten ist, und bereitet eure Seelen vor für den Lohn, der euch aufbewahrt ist". Cf. auch 2Bar 85,9.11. Ursprüngwomöglich (bei wörtlicher Übersetzung) *nefesch* im Sinn der christlichen anima verstanden.

3) *spiritus*: Genauso wie die im Verhältnis zur Länge der Schrift seltene Verwendung von corpus fällt die einseitige Ausprägung von spiritus auf. Einzig 39,8 ist spiritus sicher psychologisch verwendet („Et penituit Deus ire sue, et confortavit spiritum Iepte"). 20,3 von Josue könnte so gemeint sein (als Josue die Kleider des Moses anzog, „incensa est mens eius, et spiritus eius commotus est et dixit populo..."); aber vielleicht ist auch hier schon der Geist Gottes in Josue gemeint, der zur Prophetie und allgemein zur Führung des Volkes und zum heiligen Kampf befähigt. Zur Verwendung von spiritus in diesem Sinn vergleiche noch 3,2; 9,10; 18,3.10.11; 27,9.10; 28,6; 31,9; 32,14; 36,2; 60,1; 62,2 (spiritus Dei, spiritus Domini, sanctus spiritus, spiritus virtutis).

Als Gegensatz zum Geist Gottes erwähnt LAB den unreinen Geist (53,3), den spiritus pessimus (53,4 im Kontrast zu angelus) oder iniquus (60,1), und den Stamm der bösen Geister (60,2 im Psalm, mit dem David Saul exorziert). Spiritus ist jedenfalls kein anthropologischer Terminus für LAB; die Verwendung des Ausdrucks ist in deutlichem Unterschied zu 4Esra und 2Bar und ist Qumran näher.

4) *anima und corpus zusammen* findet man in LAB 15,5f; 16,3; 43,7 und 44,10. In 16,3 droht Gott der Rotte Korachs: „ecce ego precipio terre et deglutiet corpus et animam pariter... et deglutiet eos terra" (cf. Nm 16,30ff). Corpus et anima entspricht dem Demonstrativpronomen eos, bedeutet hier also den ganzen Menschen; der hebräische Text des AT betont, daß die Erde die Leute noch lebendig verschlingt (auch in LAB heißt es: non morientur, erst am Ende der Zeiten müssen sie sterben), spricht aber nicht von Leib und Seele, ebensowenig wie die LXX. Die Erweiterung von LAB erklärt sich wohl von 16,2 her, wo Gott — nach dem Tode Abels — verspricht: „non adiciet (=terra) ut deglutiat sanguinem", wobei sanguis nach 3,11 (cf. Gen 9,4) mit anima gleichzusetzen ist. Also ist 16,3 wohl als gesteigerter Kontrast zu 16,2 gedacht: in diesem Fall schluckt die Erde nicht nur das Blut, d.h. die Seele, sondern auch den Leib. Jedenfalls ist hier corpus und anima als Einheit betrachtet und nicht als Gegensatz. Daß Leib und Seele beisammen bleiben, bedeutet für LAB, daß sie eben nicht sterben (non morientur!); doch erwähnt er Leib und Seele gerade deshalb, weil die Leute von der Erde verschluckt werden und man so notwendig an ihren Tod glauben würde. Nur im Zusammenhang mit dem Tod ist von Leib und Seele zu sprechen.

44,10 heißt es vom Tod: „cum discernitur anima a corpore", wie 4Esra 7,100 „animabus postquam separatae fuerint a corporibus" (ähnlich 4Esra 5,14 in der syrischen, 7,75 in der zweiten arabischen und 7,78 in der armenischen und äthiopischen Version). Von daher wird man dann auch 43,7 nicht als synonymen, sondern als synthetischen Parallelismus auffassen: (es spricht der sterbende Samson) „Proficiscere anima mea et noli tristari, morere corpus meum et noli lugere te". Im Tod trennt sich die Seele vom Leib, der stirbt.

Dieselbe Auffassung eines getrennten Geschicks für Seele und Leib im Tod finden wir 15,5-6: (Gott spricht zu Moses über das Volk, das nach der Rückkehr der Kundschafter aus Kanaan nicht hinaufziehen wollte, cf. Num 14) „Premittam angelum ire mee in ipsos, et contribulabit corpora eorum, igni in heremo.. corpora eorum deiciam in eremo". Bezüglich der Seelen aber sagt er 15,5: „ego animas eorum includam in thesauros tenebrosos".

Andere Stellen sprechen beim Tod nicht vom Leib, beschreiben aber den Tod als Hingabe der anima: „cum moreretur... dum accipitur (ed. pr. acciperetur) anima eius" (28,3); „antequam moriar... priusquam reddam animam meam" (zweimal in 40,3); „et nunc detur anima eius in peticione eius, et erit mors eius preciosa" (40,4); „non in vano recipiatur anima mea" (40,5).

„Resume vires et non dissolvatur anima tua" (54,6) ist eine Redewendung, die nicht auf den Tod beschränkt ist und auch nur große Betrübtheit ausdrücken kann, aber in diesem Zusammenhang bedeutet sie doch: du sollst nicht sterben. 50,2 ist derselbe Ausdruck von der tiefen Verzagtheit Annas ausgesagt, die ja, wie im AT, einem todesähnlichen Zustand bedeutet, den man vom Tod nicht genau unterscheidet. Saul kann 65,3 sagen: „Mortifica me, adhuc anima mea in me est" (ähnlich 61,7); der Tod ist „redditio anime" (64,7: zu dieser Stelle noch später).

Aus all dem geht hervor, daß der Autor von LAB an den Leib nur denkt, wenn er nicht mehr beseelter Mensch, Lebewesen ist (bzw. in 16,3 nicht mehr sein sollte), und durch die Loslösung der Seele in sich selbst beobachtbares Objekt wird. Anima ist, was schon im Leben das eigentliche Ich des Menschen, sein persönliches Leben ausmacht, und daher überlebt sie auch die Trennung vom Körper. LAB zeigt nicht die geringste Ablehnung des Leibes; dieser tritt als selbständiger Teil des Menschen einfach nicht in den Gesichtskreis.[13]

5) *Die Seelen der Verstorbenen*: Nur zweimal erwähnt LAB ausdrücklich die Vorstellung der Seelenkammern (15,5; 32,13); einmal ist sie wohl implizit vorausgesetzt (23,13). Über das sündige Volk spricht Gott 15,5: „Ego autem mandabo angelis qui custodiunt eos, ut non rogent pro his, quia ego animas eorum includo in thesauros tenebrosos". Der Ausruck thesaurus statt promptuaria wie in 32,12 und oft in 4Esra entpricht dem ᵓotzar rabbinischer Texte und von 2Bar. Vielleicht ist der Ausdruck absichtlich gewählt, um die promptuaria, wie in 4Esra (ebenso die Schatzkammern von 2Bar) den Seelen der Gerechten vorzubehalten: „Vade terra, ite celi et fulgura, ite angeli milicie, ite et nuntiate *patribus in promptuariis animarum eorum*" (zur Stelle vergleiche 4Esra 4,35 und 2Bar 11,6: 2Bar spricht aber vom Hades).

Doch verwendet LAB promptuaria auch von den Kammern der Winde

---

[13] P. HOFFMANN, Die Toten in Christus 141f: LAB vertritt keinen griechischen Dualismus, auch nicht eine Unsterblichkeitslehre der Seele, wonach das Leben der Seele das eigentliche Leben wäre. Die Weiterexistenz der Seele ist nur anthropologische Umschreibung des Zwischenzustandes.

(32,7 „venti sonum reddiderunt de promptuariis suis"), genauso wie 1He-
noch und 2Bar und auch rabbinische Texte. Jedenfalls ist der Gedanke von
Kammern für die Seelen der Sünder meines Wissens sonst nicht belegt und
deutet ebenso wie manche Eigenheiten der Kammern der Gerechten in 2Bar
(21,23 sind die Seelen eingesperrt; ? auch in 4Esra 5,37, falls dort wirklich
von Seelen die Rede ist) und 4Esra 4,41 (Vergleich mit dem infernus) darauf
hin, daß der Gedanke aus der Scheolvorstellung entwickelt ist.

LAB 23,13 setzt die Vorstellung von Seelenkammern voraus: „Eritque
post finem uniuscuiusque omnium vestrum sors in vita eterna, vobis et
semini vestro, et accipiam animas vestras et reponam (ed. pr. eas) in pace
quousque compleatur tempus seculi. Et reddam vos patribus vestris et
patres vestros vobis" (cf. 4Esra 7,95: „in promptuariis eorum congregati
requiescent cum silentio multo ab angelis conservati". Übrigens ist auch
der Gedanke des Schweigens in den Kammern hier positiv bewertet wie
der Friede in LAB, wohl eine Umbedeutung des Todesschweigens in der
Scheol).

Eigenartig an dieser Stelle ist, daß sie sofort nach dem Tod den Gerechten
das ewige Leben zuspricht;[14] auch 28,10 (Traumgesicht des Cenez) schätzt
den Zustand nach dem Tode sehr hoch ein, ohne allerdings von den Seelen
zu sprechen: „Si sic est requies iustorum postea defuncti fuerint, oportet
eos mori corruptibili seculo, ut non videant peccata". Dann aber überrascht,
daß 23,13 trotzdem der Aufenthalt der Seelen, der doch schon im ewigen
Leben und im Frieden ist, mit dem Ende der Weltzeit aufhört. Auch ist
aus dem Text nicht eindeutig, ob die Versammlung zu den Vätern mit dem
Tode oder erst am Ende der Welt erfolgt, obwohl man wohl das erste annehmen muß (im Gegensatz zu den TestXII; cf. 4Esra 7,95 usw. Überhaupt
ist die zeitliche Reihenfolge in LAB oft unklar, wohl aus Schuld des Übersetzers). Außer an dieser Stelle ist der Gedanke an die toten Seelen nie mit
dem einer späteren Zustandsänderung bei LAB verbunden.

LAB 33,4 sagt man zu Deborah vor ihrem Tod: „post recessum tuum
erit anima tua memor nostri in sempiternum". Und 62,9 versichert Jonathan
dem David: „Si mors separat nos, scio quia anime nostre alterutrum se
cognoscent". An beiden Stellen könnte anima statt des Personalpronomens
stehen, doch spricht die Gesamtauffassung von LAB dagegen. Es sind die
vom Körper getrennten Seelen gemeint. Die in diesen Stellen aufgeworfenen
und bejahten Fragen, ob die Seelen der Toten einander erkennen und ob
sie der Lebenden gedenken können, sind ja auch sonst viel diskutiert (cf.
2Bar 50,3f; 85,9; 4Esra 7,102-104; rabbinische Texte, z.B. Ber 18b und Schab
152b). In LAB kommt der Gedanke auch sonst vor, so 33,5: die Toten können
nicht fürbitten; „non enim vobis proderunt nisi similes inveniamini eis".[15]

---

[14] M. DELCOR, SDB VII 1372, meint, daß dieser Text an ein besonderes Gericht im
Augenblick des Todes anspielt, verschieden vom Endgericht.
[15] Den Toten ähnlich: soll das bedeuten: wenn ihr gleich ihnen tot seid — da
keine Gemeinschaft zwischen Toten und Lebenden besteht? Eher meint LAB wohl:
wenn ihr gerecht seid, wie sie in ihrem Leben gerecht waren; sonst nützt die Zuge-

35,3 heißt es: Deus „ipse misericors..., etiam si non propter vos sed propter eos (so die ed.pr.; ed. KISCH vel pro eis) qui dormierunt".

Zusammenfassend läßt sich sagen, daß die Seele des Toten als selbständiges Wesen betrachtet ist, das auch im Tod noch volles Bewußtsein hat. Ob die Seelen der Toten irgendwie leiblich gedacht sind, geht aus LAB nicht ausdrücklich hervor; doch ist dies wohl anzunehmen im Gesamtrahmen der Anthropologie von LAB, sowie wegen der Seelenkammern, die doch sicher auch räumlich vorgestellt sind.

6) *Der Aufenthalt der Toten*: Die oben besprochenen Texte zu anima bezeugten die Auffassung, daß im Tod sich vom Leichnam die Seele trennt und in Kammern aufbewahrt wird, in den promptuaria für die Gerechten und in den dunklen Schatzkammern für die Sünder.

Neben den wenigen Aussagen, die den Tod als Trennung der Seele vom Leib betrachten, ist aber die traditionelle Redeweise vom Tod als Entschlafen häufiger. So sagt Moses: „Ecce ego dormio cum patribus meis, et ibo ad populum meum" (19,2), und Gott verheißt ihm: „Te autem accipiam inde et dormificabo (ed.pr. und MS Cheltenham Phillipps 461 glorificabo) te cum patribus tuis, et requiem dabo tibi in dormitione tua et sepeliam te in pace... Nullus autem angelorum nec hominum scient sepulchrum tuum in quo incipies sepeliri, sed in eo requiesces (sed... ommitt. ed.pr.) donec visitem seculum. Et excitabo te et patres tuos de terra (Egipti) in qua dormietis" (19,12; dormire vom Tod noch: 3,10; 11,6; 19,6; 19,13; 24,5; 28,10; 29,4; 33,6; 35,3; 51,5).

Der tote Moses und seine Väter schlafen demnach (als ganze Menschen, ohne Unterscheidung von Seele und Leib) in ihren Gräbern, in der Erde.

3,10 erwähnt als Aufenthalt der Toten nebeneinander terra, infernus, und perditum (perditio: dazu näher später). Die Erde ist auch nach 39,5 der Aufenthalt der Toten: in deutlicher Anspielung an Pred 3,20 sagt Jephte: „ego autem mortalis et de terra factus sum (sum ommitt.ed.pr.) in quam et reversurus sum" (et omitt.ed.pr.). Die Unterwelt als Ort für Gerechte und Sünder ist auch 31,7 erwähnt und 33,3: „infernus accipiens sibi deposita non restituet nisi reposcat (ed.pr.: -etur) ab eo qui deposuit ei" (cf. 2Bar 42,7f), sowie auch 40,6. 21,4 bedeutet esse in inferno tot sein: „et ecce nos erimus in inferno, tu tamen facies verbum tuum vivum".

Zusammen mit Erde und perditio finden wir die Unterwelt noch in 16,3 von der Rotte Korachs: die Erde verschlingt sie (doch: „non morientur, sed tabescent"), „erit habitatio eorum in tenebris et perditione"; am Ende der Zeiten sterben sie „et non respuet eos infernus (inferus) ultra, et perditio eorum non memorabitur".

Ist in 16,3 als Strafort die Dunkelheit genannt (40,3 Dunkelheit auch für die Gerechten), so ist es sonst das Feuer: „erit habitatio eius (=Dohech) cum Iair, in igne inextinguibili (63,4); 38,4 das Feuer als habitatio Iairs (zum

---

hörigkeit zum Volk der Väter nichts (cf. Mt 3,9; Joh 8,39): „Wenn ihr Söhne Abrahams seid, tut die Werke Abrahams").

Feuer cf. 2Bar 44,15; 49,15; 59,2; 64,7). 23,6 sieht Abraham in einer Vision „locum ignis, in quo expientur (Melker MS: experientur) opera facientium iniquitatem in me" (die Tradition einer solchen Vision Abrahams findet sich auch in TgNeofiti Gen 15,17 sowie ApokBar 12,9/21f); der Gedanke könnte hier der Vorstellung des Fegfeuers entsprechen. Von der Belohnung der Gerechten spricht LAB nur abstrakt als Friede (23,13) und Ruhe (28,10).

7) *Zusammenfassung*: Die Anthropologie von LAB ist nicht einheitlich. Die Verwendung von corpus ist archaisch, der Leib kommt nur als Leichnam in den Blick. Die Seele des Lebenden ist daher nicht im Gegensatz zum Leib gesehen, sondern als das Ich (daher anima statt Personalpronomen), die lebendige Person (anima für Leben, Person), mit besonderer Rücksicht auf ihre Beziehung zu Gott und ihr Innenleben (Vertauschbarkeit mit cor).

Der Tod ist entweder vom ganzen Menschen aus gesehen, dann als Entschlafen zu den Vätern ausgedrückt: der Aufenthalt der Toten ist dann infernus, perditio, das Grab oder die Erde. Oder man betrachtet den Tod als Trennung von Leib und Seele: dann interessiert nur der Aufenthalt der Seelen, die Schatzkammern oder die Seelenkammern, nicht aber der Leichnam. Die Auferstehungsaussagen knüpfen mehr an die erste Reihe an — der Todesschlaf weist als vorläufiger Zustand auf die kommende Auferstehung hin —, doch nicht ausschließlich (cf. 23,13, wo reponere, von den Seelen ausgesagt, wie die paratece in 3,10 und deponere in 33,3 bedeutet, daß es noch nicht der endgültige Zustand ist).

In LAB gibt es keine ausdrücklichen Anzeichen dafür, daß man alles Sein notwendig körperlich denkt, doch spricht auch nichts gegen eine körperliche Auffassung der Seelen der Toten — der gesamte Zusammenhang von LAB legt eine solche vielmehr nahe. Jedenfalls zeigt LAB kein Interesse für den Leichnam des Toten, wo er den Tod als dessen Trennung von der Seele auffaßt. Auch die Szene mit der Hexe von Endor (64,7) belegt nicht eindeutig die Auffassung, daß Samuels Knochen sich für die Erscheinung vor Saul wieder mit seiner Seele verbinden:[16] „post redditionem anime mee conturbata sunt ossa mea": redditio animae ist hier wohl formelhaft für den Tod gebraucht, sodaß die Stelle besagt, daß nach Samuels Tod seine Gebeine durch die Beschwörung gestört wurden. Kaum wahrscheinlich ist, daß redditio animae sich auf ossa bezieht, sodaß zu übersetzen wäre: nachdem meine Seele zurückgegeben wurde, d.h. den Knochen, kamen diese in Bewegung. Von der Anthropologie her sind also bei LAB kaum die Voraussetzungen für die Vorstellung der Auferstehung als Wiedervereinigung von Leib und Seele gegeben.

---

[16] Wie P. Hoffmann, Die Toten in Christus 142f, haben möchte (nach ihm ist hier ein dichotomisches Verständnis des Menschen vorausgesetzt).

II. Die Auferstehungsaussagen von LAB:

1) *LAB 3,10:*

Cum autem completi fuerint anni seculi, tunc quiescet lumen et extin-guentur tenebre, et vivificabo mortuos, et erigam dormientes de terra. Et reddet infernus debitum suum et perditum restituet partem suam (ed.pr. und Cheltenham Phillipps 461: perditio reddet paratecen (-m) suam), ut reddam unicuique secundum opera sua, et secundum fructus adinventionum suarum, quosque iudicem inter animam et carnem. Et requiescet seculum et extinguetur mors, et infernus claudet os suum. Et non erit sine fetu terra, nec sterilis habitantibus in se; et non coinquinabitur ullus qui in me iustificatus est. Et erit alia terra, et celum aliud habitaculum sempiternum.

LAB 3,10 (cf. Gen 8 - 9) ist eine eschatologische Erweiterung der bibli-schen Verheißung Gottes an Noe nach der Flut: Gott will nie mehr alles Leben auf Erden vernichten. Der Kontext ladet zu einem solchen Ausblick auf das Ende ja ein, doch wird sonst meines Wissens dieser Ansatz nie genützt. Die Sprache des Abschnitts ist durch die Tradition geprägt. Ob es sich dabei um literarische Abhängigkeit, etwa von 2Bar und 4Esra, handelt, um die Abhängigkeit von einer gemeinsamen Quelle oder von der geprägten Rede eines bestimmten Milieus, wird zu untersuchen sein, aber auch, welch eigene Vorstellungen LAB in diese Redeformen einträgt.

a) *Der Rahmen*: Wie öfters, ist die Auferstehungsaussage durch eine kurze Darstellung des Weltendes eingeleitet und von einer Beschreibung des Gerichts und der glücklichen neuen Welt gefolgt. Die Aussagen sind völlig traditionell und stehen besonders 4Esra nahe.

Für die Gesamtdarstellung von LAB 3,10, die Auferstehungsformel ein-geschlossen, ist 4Esra 7,26-44 am nächsten, wenn auch viel ausführlicher. Wie LAB spricht 4Esra vom Erlöschen des Lichtes (7,39), vom Schweigen und der Ruhe der Welt (7,29f: LAB verschmilzt beide Aussagen in „quiescet lumen", doch fügt er dann hinzu: „requiescet seculum"), vom Erscheinen der neuen Welt (7,26.31.36) und dem Ende der Verderblichkeit (7,31 „mo-rietur corruptum": LAB Ende des Todes).

Im einzelnen: Ut reddam unicuique secundum opera sua cf. Apk 20,13 *kai ekrithēsan hekastos kata ta erga autōn*; et requiescet seculum cf. 2Bar 3,7; et extinquetur mors cf. 4Esra 8,53 „mors absconsa est", 1Kor 15,26, Apk 21,4; infernum claudet os suum cf. 4Esra 8,53 „infernus fugit", 2Bar 21,23 „Versiegelt werde die Unterwelt, daß sie Tote nicht mehr empfange", Apk 20,14. Es gibt keine Unfruchtbaren und keine Befleckung mehr: cf. 1Hen 10; 2Bar 73f; der neue Himmel und die neue Erde ist vielfach belegt, cf. Is 65,17; 66,22; 1Hen 45,4-6; 2Petr 3,11-13; Apk 21,1 wie auch LAB 32,17 und 19,13. Mit dem Gedanken, daß der neue Himmel und die neue Erde ewige Wohnstätte sein werden cf. 2Bar 51,3, wonach die „unsterbliche Welt" Woh-nung der Seligen ist: „in den Höhen jener Welt werden sie wohnen" (51,10).

b) *Die eigentliche Auferstehungsaussage*: Durch eine Inklusion deutlich abgesetzt („q u i e s c e t lumen et e x t i n g u e n t u r tenebre... r e q u i e s c e t seculum et e x t i n g u e t u r mors") steht die dreigliedrige Darstellung der Auferstehung, die eine Variante der Formeln in 1Hen 51,1; 4Esra 7,32; 2Bar 21,23f und Apk 20,13 ist (cf. auch 2Bar 42,7. Synopse der Texte im Anhang).

V i v i f i c a b o   m o r t u o s   e t   e r i g a m   d o r m i e n t e s   d e   t e r r a :   die größte Abweichung vom üblichen Schema ist die Einführung Gottes als Agent der Auferstehung, und zwar in der ersten Person. Als Parallele dazu kann man nur *bios Adam* 28 und 41 heranziehen, wo Gott dem Adam verspricht: *anastēso se*.[17] In 2Bar 50, 2-4 ist es zwar auch Gott, der von der Auferstehung redet, Agent ist dort jedoch die Erde. Von Gott als Agenten der Auferstehung spricht auch 2Makk 7,9 (*hēmas anastēsei*; cf. 7,14) und Sib 2,221f.238; 4,179-183 sowie öfter die rabbinische Literatur, z.B. Ber 60a; Sanh 90a.108a sowie TosBer 3,24 und 7,9 (ZUCKERMANDEL p.8 und 15), wo aber immer Gott in der dritten Person genannt ist.

Der Ausdruck „*vivificabo* mortuos" ist den rabbinischen Parallelen näher als der apokalyptischen Literatur: so z.B. Schemone esre 2 „Gott, der die Toten belebt"; ebenso in Pirke Aboth 4,29, mehrmals in Sanh 90a und sonst oft; Röm 4,17 „Gott, der die Toten belebt"; ebenso LAB 25,7 „Deus cum vivificat mortuos" (*nache* in 2Bar 72,2 ist zwar derselbe Ausdruck, bedeutet aber dort im Kontext, daß Gott „am Leben erhält"). Auch der übliche rabbinische Ausdruck für die Totenerweckung, *techijat hametim*, gehört hierher.

Mit „*erigam* dormientes de terra" cf. 2Bar 42,7: der Staub muß das in ihm Aufbewahrte aufstellen". Auch dieser Ausdruck ist in den rabbinischen Texten für die Auferstehung häufig (cf. auch Mk 5,41 *talitha kum*), nicht aber in der apokalyptischen Literatur (Sib 2,182 *stēsei de brotous palin*). Zu *dormientes de terra* cf. den Auferstehungstext von 4Esra 7,32 „terra reddet qui in eam dormiunt" und einen anderen Auferstehungstext aus LAB (19,2 „Terra (Egipti) in qua dormietis"), sowie 2Bar 11,4: „die Gerechten schlafen in der Erde".[18]

„E t   r e d d e t   i n f e r n u s   d e b i t u m   s u u m " steht 1Hen 51,1 nahe: „die Hölle wird, was sie schuldet, herausgeben".

„E t   p e r d i t u m   r e s t i t u e t   p a r t e m   s u a m ": perditum bzw. perditio entspricht Abaddon, als Name für das Totenreich auch 1Hen 51,1 und 2Bar 42,7 (Apk 9,11 als Name für den Engel des Abgrunds). Statt partem ist die Lesart *paratecen* vorzuziehen: pars ist eine Erleichterung des Textes, Beseitigung eines griechischen Wortes im lateinischen Text (der umgekehrte Vorgang ist undenkbar!), zeugt auch von einer etwas anderen Auffassung.

---

[17] Ausgabe des *Bios Adam* in C. TISCHENDORF, Apocalypses Apocryphae, Leipzig 1866, 1-23 (von ihm allerdings Apocalypsis Moysis genannt).

[18] P. HOFFMANN, Die Toten in Christus 136, glaubt, daß auch 3,10 nur die Auferstehung der Gerechten aussage, da in LAB dormire meist den Zwischenzustand der Gerechten bezeichnet und LAB hier auch keine Strafen schildert.

Es wird oft ausgesagt, daß die Toten für die Endzeit aufbewahrt werden, sei es in der Erde, der Scheol, dem Abaddon oder den prompuaria (cf. die Texte im Anhang). Es ist aber jeweils der ganze Tote und nicht nur ein Teil, wie die Lesart *partem* nahelegen könnte.

Die Formel als Ganzes steht 1Hen 51,1 am nächsten: der Text ist wohl nicht viel jünger als LAB. Wie in LAB sind in 1Henoch die drei Glieder, und zwar in derselben Reihenfolge, Erde-Scheol-Abaddon. 4Esra 7,32 spricht von terra, pulvis, promptuaria; doch in anderen Einzelheiten ist dieser Text LAB näher als 1Henoch (im ersten Glied: die in der Erde schlafen). In 2Bar 21,23f sind die drei Glieder Unterwelt-Kammern-Erde; in Apk 20,13 Meer-Tod-Hades.

Die dreigliedrige Auferstehungsformel ist also ziemlich verbreitet. Die Frage literarischer Abhängigkeit ist wegen der komplizierten Überlieferungsgeschichte der Texte kaum mit Sicherheit zu beantworten. Die relative Freizügigkeit in der Formulierung trotz eines ziemlich festen vorgegebenen Rahmens macht es wahrscheinlicher, eine gemeinsame Traditionswelt anzunehmen, in der eine derartige geprägte Form der Auferstehungsaussage zu Hause war. Oft ordnet man heute 4Esra, 2Bar und LAB ebenso wie 1Henoch der essenischen Tradition ein; doch gerade in Qumran läßt sich kein gänzlich unbestreitbares Auferstehungszeugnis nachweisen und erst recht nicht eine ähnliche Formel über die Auferstehung (man denke auch an das Zeugnis des Josephus, daß die Essener nicht an die Auferstehung glaubten). Daher wird man eher allgemein an die apokalyptische Tradition denken, an deren Rand auch LAB steht, der aber auch Elemente rabbinischer Sprache aufweist (charakteristisch Gott als Handelnder, nicht die Erde, die Scheol usw.; entsprechender Wechsel in den Verben).

Wie stellt sich LAB 3,10 die Auferstehung nun tatsächlich vor? Die Variante partem statt paratecen könnte bedeuten, daß der lateinische Schreiber terra, infernus und perditio als drei verschiedene Aufenthalte der getrennten Bestandteile des Menschen verstanden hat (oder zwei, falls er perditio und infernus als Synonyme auffaßte), sodaß sie erst bei der Auferstehung zusammenkommen müßten. Mit dieser Deutung würde zusammenpassen, daß das direkte göttliche Eingreifen auf das erste Glied der Formel beschränkt ist. Tatsächlich aber ist dieser Wechsel der handelnden Personen aus der Anpassung der Formel an die Gottesrede zu verstehen, sowie aus der gegenseitigen Beeinflussung apokalyptischer und rabbinischer Redeweise.

Der Text ist wie 1Hen 51,1 so zu verstehen, daß alle drei Glieder in synonymen Parallelismus daselbe aussagen: Erde, Scheol, und Abaddon sind ohne Unterschied gebraucht. Die in der Erde schlafenden Toten, als ganze Menschen und nicht die Leiber, sind das debitum der Scheol und die Paratheke des Abaddon. Durch Gottes Wirken werden die Toten wieder ins Leben zurückkehren, in voller Materialität, aber nicht erst durch neue Zusammensetzung.

c) *Das Gericht*: Als Ziel der Auferstehung gibt LAB an, daß Gott einem
jeden nach seinen Werken vergelte, wie auch der schon zitierte Auferstehungstext Apk 20,13 ähnlich sagt: *kai ekrithēsan hekastos kata ta erga
autōn* (Sir 16,12 und 1Petr 1,17 ähnlich, aber ohne Bezug auf die Auferstehung). LAB fährt aber fort: „*Quousque iudicem inter animam et carnem*".
Die Konjunktion quousque macht Schwierigkeiten. Der Satz kann doch
kaum besagen, daß Gott nach der Auferstehung einem jeden nach seinen
Werken vergilt, *bis* er zwischen Seele und Fleisch richtet. Der Nebensatz
muß gleichzeitig sein! P. PRIESSLER übersetzt mit „insoferne". Das ist an sich
möglich und gibt einen besseren Sinn, da so Vergeltung und Gericht gleich-
gesetzt sind. Immerhin bleibt die Konstruktion ungeschickt und deutet wohl
auf einen Übersetzungsfehler im lateinischen oder schon im griechischen
Text hin.

Zweite Eigenart der Stelle ist das Gericht „inter animam et carnem".
Vielleicht ist der Ausdruck von 3,11 her beeinflußt, wonach Gott verbietet,
„carnem in sanguine anime" zu essen. Sonst findet man in LAB nie anima
und caro zusammen. Oder hat LAB 3,10 den entsprechenden Bibeltext Gen
9,16 umgedeutet, wonach Gottes Bund mit Noe ein Bund ist „zwischen mir
und euch und allen Lebewesen (*nefesch*), allem Fleisch (*basar*)"? Denkt etwa
LAB an das Gericht über Leib und Seele, wie etwa im Gleichnis vom Lahmen
und vom Blinden im Ezechiel-Apokryphon und im Talmud[19] oder einer
ähnlichen Erzählung? Dazu ist jedoch die Grundauffassung des Menschen
in LAB zu verschieden, es könnte höchstens die Ansicht des Übersetzers
sein. Oder denkt LAB an das Gericht als Scheidung zwischen den psychisch
und den sarkisch Gesinnten? Auch das scheint unwahrscheinlich. Eine zu-
friedenstellende Erklärung ist kaum zu finden.

2) *LAB 19,12f:*

(Gott spricht zu Moses vor seinem Tod) In eo (=sepulchro) requiesces,
donec visitem seculum. Et excitabo te et patres tuos de terra (Egipti) in
qua dormietis, et invenietis simul et inhabitabitis habitationem inmortalem, que non tenetur in tempore. 13 (Dieser Himmel vergeht, auch das Licht
von Sonne und Mond) quoniam festinabo excitare vos dormientes, ut quem
ostendi tibi locum sanctificationis in eo habitent omnes qui possunt vivere.

Im Unterschied zu 3,10 weist 19,12f, ein Abschnitt aus der Rede Gottes
an Moses vor dessen Tod, keine so enge Bindung mit vorgegebener Tradition auf. Zwar sind die einzelnen Ausdrücke auch sonst belegt, nicht aber
eine größere Einheit des Textes im Zusammenhang.

---

[19] Text des Ezechiel-Apokryphon: K. HOLL, GCS 31 (Epiphanius, Panarion) 515ff;
idem, Das Apokryphon Ezechiel, Festschrift A. SCHLATTER, Stuttgart 1922, 85-98. Siehe
auch A.M. DENIS, Introduction 187-191. Sanh 91a.b und andere rabbinische Belege dieses
Gleichnisses sind zusammengestellt in P. FIEBIG, Die Gleichnisreden Jesu, Tübingen
1922, 73-76.

Die Verheißung der Auferstehung an Moses leitet R. Jehoschua b. Chanania Sanh 90b aus Dt 31,16 ab, ist mir aber sonst in den Texten nicht
bekannt. Wenige Texte sprechen von der Auferstehung des Moses, wie Sib
2,245f (*hēxei kai Mōsēs ho megas philos Hypsistoio sarkas dysamenos*,[20] oder
verbinden sonst die Auferstehung mit Moses, wie der Midrasch Petirat
Mosche,[21] wo Moses zum Volk von der zukünftigen Auferstehung spricht:
„In Frieden werde ich euch bei der Auferstehung der Toten wiedersehen".
Auch wird in der rabbinischen Literatur das Canticum Moysis Dt 32 öfters
als Auferstehungsbeweis verwendet. Der Gedanke an die Auferstehung ist
somit traditionell mit dem Tod Moses verknüpft; die Ansicht, daß Moses
in Wirklichkeit gar nicht starb, und die LAB wohl bekämpft (20,2 sagt Gott
zu Josue: „Ut quid luges et ut quid speras in vanum, quod *Moyses adhuc
vivat? Et ideo superflue sustines quoniam defunctus est Moyses*" dürfte die
Ursache dafür sein, daß man beim Tod des Moses fast nie von der Auferstehung spricht (im Gegensatz zu den Patriarchen: TestXII!).

Moses mit den Vätern ruht im Grab, schläft in der Erde („Ägypten"
steht in allen MSS; M.R. JAMES, gefolgt von G. KISCH, schlägt vor, es auszulassen: Moses wird ja nicht in Ägypten begraben, ebensowenig wie die
Väter. Doch wie kam es dann zu diesem Text?). Von dort wird Gott sie
auferwecken. Eine genauere Beschreibung ist nicht gegeben.

Das Bild vom Schlafen und Aufwecken spricht wohl gegen das Verständnis der Auferstehung als Wiedervereinigung von Leib und Seele, von
deren Trennung ja auch gar nichts gesagt ist. Das Bild vom Schlaf könnte
auf den im Grab ruhenden Leichnam verweisen, doch gilt es genausogut
von den Schatten im Totenreich. Daher ist auch das Erwachen nicht unbedingt auf den Menschen in seiner alten Leiblichkeit bezogen, sondern auf
den Toten als Person ohne Rücksicht auf anthropologische Scheidungen.
Das Erwachen der Toten aus der Erde schließt sicher die Leiblichkeit ihrer
Wiederkunft ein; die im Bild enthaltene Kontinuität betrifft jedoch nicht
den Leib, sondern den Menschen, die Person. Die genauere Bestimmung
der Auferstehungsleiblichkeit ist nur von der Vorstellung des Ortes her
möglich, wo die Auferstandenen leben werden (dazu unten); deutlich ist
jedenfalls, daß die Auferstehungsvorstellung mit der von 3,10 übereinstimmt.

3) *LAB 51,5:*

(Canticum Annae) ...quia Dominus mortificat in iudicium, et vivificat
in misericordiam, quoniam iniqui sunt in hoc seculo, et (omitt.ed.pr.)
vivificat iustos cum vult, iniquos autem concludet in tenebris. Nam iustis
conservat lumen suum, et cum mortui fuerunt iniqui tunc peribunt. Nam

---

[20] I. ABRAHAMS II 53 zur Tradition, daß Moses und Elias zusammen auferstehen
werden.
[21] A. JELLINEK, Bet-ha-Midrasch I 123. Der Text ist zitiert bei R. BLOCH, Quelques
aspects 136.

cum dormierunt iusti, tunc liberabuntur. Sic autem omnium iudicium permanebit, quousque reveletur qui tenet.

Die Verbindung der einzelnen Sätze ist eigenartig und gibt keinen guten Sinn. Mit der editio princeps ist wohl „et" nach „seculo" auszulassen (es ist jedoch möglich, daß J. SICHARDUS sich dafür nicht auf MSS stützt, sondern den Text nach Art humanistischer Herausgeber korrigiert). „Et" nach „lumen suum" ist wohl eine Fehlübersetzung des adversativen *w*. Auch gibt „nam" nach „peribunt" keinen rechten Sinn und ist eher adversativ zu übersetzen.

So kommen wir zu folgender Übersetzung:[22] „...denn der Herr läßt sterben aus Gerechtigkeit und leben aus Barmherzigkeit. Weil es Sünder gibt in dieser Welt, läßt er die Gerechten leben, wann er will, die Sünder aber schließt er in Finsternis ein. Denn den Gerechten bewahrt er sein Licht. Die Sünder aber, einmal gestorben, gehen zugrunde. Wenn hingegen die Gerechten entschlafen sind, dann werden sie befreit. So aber bleibt das Urteil über alle, bis sich der offenbart, der (es aufrecht) hält".[23]

LAB 51 ist eine Neufassung, nicht nur Paraphrase, des Canticum Annae 1Sam 2,1-10. Das zitierte Stück entspricht 1Sam 2,6.9. 1Sam 2,6 wird von den Rabbinen oft auf die Auferstehung gedeutet: „Jahwe läßt sterben und läßt leben, zur Scheol hinabsteigen und davon heraufkommen". Ist aber auch in LAB von der Auferstehung die Rede?

„Vivificat iustos cum vult" kann bedeuten: er läßt die Gerechten am Leben, wann er will; „iustis conservat lumen suum" ist dann parallel. „Sein Licht" bedeutet: seine Gnade, in der man leben kann. Wenn diese Deutung richtig ist, spricht der erste Teil von der verschiedenen Behandlung der Gerechten und der Sünder durch Gott in diesem Leben. Vielleicht sollte man dann auch „in hoc seculo" auf das Folgende beziehen: „weil es Sünder gibt, läßt er in dieser Welt...". „Concludet in tenebris" ist dann die Bestrafung der Sünder in dieser Welt, Unglück, Ferne von Gottes Licht, Entziehung seiner Gnade.

Gegen diese Übersetzung von „vivificat" und die daraus folgende Deutung des Satzes kann man aber einwenden, daß 16,3 „habitatio eorum in tenebris" von der Rotte Korachs ausgesagt ist, die von der Erde verschlungen wird. Dort ist tenebris synonym zu perditione, Abaddon.[24] Auch versteht man „cum vult" leichter von der Endzeit, wann Gott die verstorbenen Gerechten wieder aufleben läßt, wann er will. Dann wäre aber „vivificat" mit „beleben" zu übersetzen. Eine letzte Entscheidung zwischen beiden Deutungen ist jedoch kaum möglich.

---

[22] Die Übersetzung lehnt sich an die von M. PHILONENKO an (Une paraphrase 166).

[23] Qui tenet ist mit A. STROBEL, Untersuchungen 75f, auf Gott zu deuten (gegen M.R. JAMES, der es von 2Thess 2,6f her versteht, und J. KLAUSNER, der es auf den Messias bezieht). Mit STROBEL auch M. PHILONENKO, Une paraphrase 166.

[24] M. PHILONENKO, Une paraphrase 166: Iniquos concludet in tenebris ist eschatologische Interpretation von 1Sam 2,9 (Vulgata: impii in tenebris conticescent). LAB spricht hier von der Dunkelheit der Scheol.

Somit ist im ersten Teil der Ausage nicht sicher von der Auferstehung gesprochen, wenn auch dies wahrscheinlich ist. Der zweite Teil spricht vom Vergehen der Sünder nach dem Tod, wohl in völliger Vernichtung (im Gegensatz zu 3,10, wonach auch die Sünder auferstehen zum Gericht). Im Gegensatz zu den Sündern erwartet die Gerechten nach ihrem Entschlafen (bewußter Kontrast: mortui fuerint iniqui dormierunt iusti) die Befreiung. Peribunt — liberabuntur ist das Urteil über alle, das aber *vor* der Endoffenbarung Gottes sich vollzieht.

Das Problem ist dasselbe wie 3,10, wo es *nach* der Auferstehung zur Vergeltung — „ut reddam unicuique secundum opera sua" — heißt: *„quousque* iudicem inter animam et carnem." Wenn „quousque" das Original richtig wiedergibt, sprechen beide Texte von einer gewissen Belohnung oder Bestrafung vor dem eigentlichen Endgericht, der endgültigen Manifestation Gottes. In 3,10 könnte man an ein Zwischenreich denken, es wäre aber eigenartig, wenn dazu auch die Sünder auferständen!

In 51,5 hängt die Deutung des „liberabuntur" von der Auslegung des ersten Teils ab, besonders von der Bedeutung von „vivificat". Wenn dieses „am Leben bewahren" bedeutet und somit der Autor erst im zweiten Teil an den Tod denkt, bleibt die „Befreiung" der Gerechten unbestimmt, kann sich auf den Zwischenzustand beziehen oder auf die Befreiung aus dem Totenreich.[25] Ist „vivificat" aber mit „beleben" zu übersetzen, dann ist es parallel zu „conservat lumen suum" und „liberabuntur". Diese zweite Deutung ist wahrscheinlicher: dann bedeutet der Abschnitt, daß Gott die Sünder in der Finsternis des Totenreichs einsperrt und nach ihrem Tode zugrundegehen läßt; die Gerechten aber erweckt er wieder zum Leben, wann er will; sie werden aus der Unterwelt befreit,[26] weil Gott ihnen sein Licht bewahrt. Das Futur „liberabuntur" muß nicht unbedingt vollendete Tatsache sein, bevor Gott sich offenbart. Auch die Gewißheit, befreit zu werden, d.h. aufzuerstehen, da die Gerechten trotz ihres Todes im Lichte Gottes sind, genügt für die Gültigkeit der folgenden Aussage, daß das Urteil über alle bis zur Offenbarung Gottes aufrechtbleibt.

Ist somit auch der Text allem Anschein nach von der Auferstehung zu verstehen — die Unsicherheit beruht auf der Unklarheit der lateinischen Übersetzung besonders der Konjunktionen —, ist damit noch nichts über die Auferstehungsleiblichkeit zu entnehmen. Daß die Auferstehung leiblich vorgestellt ist, legt der Vergleich mit 3,10 und 19,12f allerdings nahe; auch

---

[25] M. PHILONENKO, Une paraphrase 166: „Les impies, après leur mort, trouveront une seconde mort qui se produira au jour du jugement. Les justes, qui dorment, et ne sont pas véritablement morts, seront alors libérés".

[26] P. HOFFMANN, Die Toten in Christus 135: liberabuntur ist hier kaum anders als von der Auferstehung der Toten zu deuten. Doch cf. TgGen 15,17 (Neofiti) für eine mögliche Deutung auf den Zwischenzustand: der Text beschreibt das Feuer der Gehenna, in das die Sünder fielen, weil sie in ihrem Leben gegen das Gesetz rebellierten. Die Gerechten aber, die es bewahrten, „werden von der Bedrängnis befreit werden", was im Zusammenhang wohl die Befreiung von der Bestrafung in der Gehenna bedeutet.

die Verwendung von „dormire" für den Todeszustand ist in diesem Sinn zu werten.[27]

4) *Andere Texte:*

Indirekt ist die Auferstehung der Gerechten auch aus *LAB 16,3* zu entnehmen. Gott sagt von den Leuten Korachs: "Et ero innovans terram et tunc morientur et non vivent... Et non respuet eos infernus ultra, et perditio eorum non memorabitur". Die von der Erde verschluckten, in der Dunkelheit Abaddons befindlichen Sünder werden am Ende von der Scheol nicht wieder herausgegeben, bleiben vergessen im Abaddon. Damit ist aber positiv für die Gerechten zu entnehmen, daß sie aus dem Totenreich, sei es nun Scheol, Abaddon oder Erde genannt (dieselben Namen wie im Auferstehungstext 3,10!), einst wieder entlassen, ausgeworfen werden, um zu leben. Die Auferstehung der Gerechten ist ebenso wie in 3,10 eine leibliche Auferstehung, ohne genauere Bestimmung: auch hier reflektiert der Autor nicht über das Verhältnis zum Leichnam; das ist kein Problem, das ihn beschäftigen würde.

Dieselbe Vorstellung ist 33,3 zu entnehmen: „infernus accipiens sibi deposita non restituet nisi reposcat (ed. pr. reposcetur) ab eo qui deposuit ei" (ähnliche Verben wie 4Esra 7,32; 1Hen 51,1; 2Bar 50,2; 2Bar 42,7: „Der Staub wird gerufen und zu ihm gesagt: erstatte, was nicht dein eigen, und stelle auf, was du bewahrt hast für seine Zeit"; cf. auch MidrPs 1,20).

22,13 ist der einzige Text über die Auferstehung, der von den Seelen spricht. Wir haben den Text schon oben besprochen.

Schließlich ist noch 23,6 zu erwähnen, wo Gott dem Abraham ein Zeichen gibt, daß er von Sara Nachkommen erhält: „Faculas ostendi ignis, unde illuminabuntur iusti qui crediderunt mihi". Zwar könnte man 51,5 dafür heranziehen, daß die Erleuchtung der Gerechten sich nicht notwendig auf die Auferstehung bezieht[28]: doch ist dort der Ausdruck viel formelhafter, abstrakter, von der Gnade Gottes zu verstehen („iustis conservat lumen suum"). Hier hingegen ist nicht allgemein vom Bewahren des Lichtes Gottes gesprochen, sondern von Fackeln, die einst die Gerechten erleuchten werden. Die Erleuchtung der Gerechten ist ein oft vorkommendes Motiv bei der Beschreibung der Auferstehung (Daniel, 1Henoch, 2Baruch usw.).

Von 64,7 (Erscheinung des toten Samuel) war ebenfalls schon die Rede. Wir hoben dabei hervor, daß dieser Text, der die Erscheinung des Toten als antizipierte Auferstehung betrachtet, kaum die Vorstellung belegt, daß sich bei der Auferstehung die Seele und die Knochen wiedervereinen. Die etwas unklare Formulierung LABs geht wohl auf sein Bemühen zurück, den biblischen Text mit seinen Vorstellungen zu vereinen. So bezeichnet

---

[27] P. HOFFMANN, Die Toten in Christus 138: In diesem Zusammenhang bezeichnet „Schlaf" den Tod als „Wartezustand auf die verheissene Auferweckung".

[28] In LAB ist auch von der Erleuchtung durch das Gesetz u.ä. öfter die Rede. Cf. M. PHILONENKO, Essénisme et gnose.

er den Tod als „redditio animae", während ihm der biblische Text (1Sam 28,15) den Gedanken an die Gebeine des Samuel gibt: „Warum hast du meine Ruhe gestört?" Schlaf, Ruhe gilt bei LAB immer von den Toten im Grab, in der Erde, ist nicht von der Seele ausgesagt.

5) *Der Ort des Auferstehungslebens:*

Für ein letzte Präsizierung der Vorstellungen LABs über den Auferstehungsleib soll die Bestimmung des Ortes beitragen, wo die Auferstandenen leben sollen.

Aufenthalt der Auferstandenen ist nicht diese Welt, das „corruptibile seculum" (28,10). 3,10 verspricht für die Zeit der Auferstehung: „et erit terra alia, et celum aliud habitaculum sempiternum" (16,3 „ero innovans terram"). Nach 19,12f ist den Auferstandenen verheißen: „et invenietis simul et inhabitabitis habitationem inmortalem que non tenetur in tempore (dieser Himmel vergeht, auch das Licht von Sonne und Mond)... quem ostendi tibi locum sanctificationis in eo habitent omnes qui possunt vivere". Der neue Himmel und die neue Erde, Ort der Heiligung, ist die unsterbliche Wohnung außerhalb jeglicher zeitlicher Begrenzung, wo die Auferstandenen auf ewig wohnen werden.

Daß aber auch diese neue Erde nicht vergeistigt werden darf, geht aus 3,10 hervor, wo es direkt vor dem Satz über die neue Erde heißt: „Et non erit sine fetu terra, nec sterilis habitantibus in se; et non coninquinabitur ullus qui in me iustificatus est". Obwohl also der Aufenthalt der Auferstandenen so neu ist, daß er ewig ist, nicht mehr erleuchtet von dem Licht von Sonne und Mond, sondern von eigenen Leuchten, die Gott für die Gerechten aufbewahrte, ist er doch der alten Erde ähnlich, unterschieden von ihr nur dadurch, daß es keine Sünde mehr gibt und keine Unfruchtbarkeit Es ist also eine idealisierte Erde, nicht aber irgendwie vergeistigt. Somit ist auch die Leiblichkeit der Auferstandenen ähnlich der irdischen zu denken, befreit jedoch von den Beschränkungen, die die Sündenschuld mit sich gebracht hat. Hier stimmt LAB überein mit 1Henoch (außer den Kapiteln 91ff), TestXXII (dort aber nichts über eine „neue Erde") und 4Esra (obwohl dieser auch vom Paradies spricht).

6) *Zusammenfassung:*

Mit Ausnahme von 23,13, wo trotz der Erwähnung der Aufbewahrung der Seelen die Auferstehung impliziert ist, knüpfen die Auferstehungsaussagen von LAB an jene Vorstellung des Todes an, die gekennzeichnet ist als „Entschlafen" und nicht als Trennung von Seele und Leib. Die Entschlafenen ruhen in der Erde, oder — ohne Unterschied — im Grab, in der Scheol, im Abaddon. Dabei denkt LAB nicht an den Leichnam der Toten: dieser interessiert durchaus nicht. Die ganze Person ist es, die in der Erde schläft und die die Erde zurückgibt.

LAB stimmt weithin mit den Auferstehungsformeln der apokalyptischen Literatur überein, die die Wiedergabe der Toten mit den Ausdrücken
„reddere, restituere" bezeichnet; daneben spricht LAB 3,10 aber auch vom
„vivificare, erigere" der Toten durch Gott, was mehr der Terminologie von
2Bar und den Rabbinen entspricht.

LAB spricht vom Wiederaufleben der Toten (außer in 3,10 nur der
Gerechten) ziemlich unproblematisch. Er bemüht sich nicht um eine anthropologische Erklärung, wie die Auferstehung möglich ist, und muß es auch
nicht, solange er sich den Tod einfach als „Entschlafen" vorstellt. „Deus
mortificat et vivificat" ist, mit der Bibel, seine ganze Antwort. Die Aufer-
weckten werden auf der Erde leben, einer erneuerten Welt, die unsterblich
ist, der Zeit enthoben, frei von Leid und Sünde. Die Leiblichkeit der Auferstandenen entspricht dieser neuen Erde, bleibt irdisch, wenn auch nun
befreit von sündebedingten Mängeln, ist eine gereinigte und verbesserte,
im wesentlichen aber unveränderte Leiblichkeit.

Zusammenfassung

Abschließend seien die Ergebnisse unserer Untersuchung kurz zusammengefaßt. Unser Ausgangspunkt war das Weltbild der hebräischen Bibel zu Beginn der von uns untersuchten Periode, also der Makkabäerzeit. In diesem Denken ist jegliches Sein notwendig körperlich. Gott und seine himmlische Welt, die Scheol wie die Toten sind alle irgendwie leiblich, materiell. Eine unabhängig vom Leib bestehende Seele gibt es nicht. Von Seele in unserem Sinn kann man also nicht sprechen. Nach dem Tod besteht immer der ganze Mensch im Schattenreich weiter, in der Gestalt, in der er begraben wurde; und wenn im AT eine Rückkehr aus dem Totenreich erwogen wird, ist diese dementsprechend eine Rückkehr zu vollem Leben und zu voller Leiblichkeit, ist Heraufkommen der Toten aus dem Land der Schatten, der Schlafenden, des Schweigens, zurück auf die Erde, wo sich der Mensch von neuem in seiner vollen Leiblichkeit als Glied der Gemeinschaft und dabei doch in Wahrung seiner Individualität verwirklichen kann. Die Entwicklung der Auffassungen über das Verhältnis des Grabs zum Totenreich oder das des Leichnams zum Toten oder zum Auferstandenen, Fragen, die das AT noch nicht kennt, geht in unserer Zeit, also bis ca. 100 n. Chr., relativ langsam und durchaus nicht geradlinig vor sich. Viele Probleme bleiben späterer Zeit vorbehalten.

Die große Mehrzahl der von uns besprochenen Texte faßt die Auferstehung als eine Rückkehr des Toten auf die Erde und somit als Wiederherstellung des Menschen in seiner vollen irdischen Leiblichkeit auf; 2Makk, 1Henoch (außer Kapitel 91-108) und die TestXII bezeugen einheitlich diese Auffassung. Auch in diesen Schriften ist noch alle Existenz wesentlich leiblich wie im hebräischen AT. Die Einheit von Leib und Seele bricht noch nicht auseinander, wenn auch die häufige gemeinsame Verwendung von *sōma* und *pneuma* bzw. *psychē* in 2Makk und TestXII zeigt, daß diese Einheit nun problematisch wird und daher besonderer Betonung bedarf. Das Dasein der Toten im Jenseits ist so nicht das Überleben der Seele — der Tod ist nicht als deren Trennung vom Leib betrachtet —, sondern des ganzen, nun seiner Lebenskraft beraubten Menschen. Somit ist auch die Auferstehung nicht Wiedervereinigung von Leib und Seele, sondern einfach Wiederaufleben des ganzen Menschen und seine Rückkehr in die Gemeinschaft der Überlebenden auf eine Erde, die von Sünde gereinigt und von den Folgen der Sünde befreit, aber durchaus nicht vergeistigt ist.

Auch läßt sich die Vorstellung einer Auferstehung des verstorbenen

Leibes nicht nachweisen; Ausdrücke in 2Makk, die man so verstehen könnte, sind von der Vergeltungslehre des Buches her zu deuten. Die Identität des Auferstehungsleibes ist nicht materiell gesichert, sondern beruht, wie aus den TestXII zu entnehmen ist, auf der genauen Entsprechung von Leib und Seele, derzufolge sich ein Mensch immer nur in derselben Leiblichkeit konkretisieren kann.

Die PsSal und die letzten Kapitel von 1Henoch geben keine Antwort auf unsere Frage, und zwar aus ganz verschiedenen Gründen. Nach den PsSal hat der Gerechte schon jetzt das ewige Leben; wie Joh 11, 25f ist sich auch der Autor von PsSal sicher, daß der Gerechte leben wird, auch wenn er sterben sollte. Das Geschick des Toten ist darum hier kein Problem mehr. 1Hen 91ff, und besonders 1Hen 108, hingegen stehen dem irdischen Leben mehr pessimistisch gegenüber; es bedeutet für sie so wenig, daß sie die toten Gerechten glücklich preisen können, daß sie dieser Welt entronnen sind. Die Gewißheit genügt, daß die Seelen der Toten (die aber leiblich vorgestellt sind, nicht als reiner Geist aufgefaßt!) ihren Lohn erhalten, daß sie in Gott geborgen sind, der ihrer auch nach ihrem Tode nicht vergißt.

LAB, 4Esra und 2Baruch haben gemeinsam eine entwickeltere Anthropologie (der Tod als Trennung von Leib und Seele; die Vorstellung der Seelenkammern), die aber nicht einheitlich durchgedacht ist, sowie eine ziemlich pessimistische Einstellung zur Welt, dem corruptibile saeculum, und eine daraus folgende stark aszetische Ausrichtung.

LAB hat praktisch keinen Versuch gemacht, die alte einheitliche Auffassung vom Menschen mit dem dichotomischen Verständnis von Mensch und Tod zu vereinen. Beide Vorstellungen stehen unverbunden nebeneinander. Solange der Mensch lebt, spricht LAB überhaupt nicht über seinen Leib; allein der ganze Mensch kommt in Betracht. Das Sterben kann Trennung von Leib und Seele sein — dann spricht LAB auch vom Aufenthalt der Seelen in den Kammern; oder der Tod ist vom ganzen Menschen einheitlich ausgesagt, als Entschlafen zu den Vätern. Und hier kommen dann die Auferstehungsaussagen, die schon stark an die rabbinische Sprechweise anklingen. Die Auferstehung ist hier Erwachen zu neuem Leben auf der Erde, daher auch wieder in irdischer Leiblichkeit. Die Probleme, die die neue Anthropologie stellt, sind praktisch ignoriert.

4Esra hingegen hat sich dem Problem gestellt: für ihn ist der Leib das „vasum corruptibile", in dem man nur unter Schwierigkeiten Gott dienen kann. Die Seele steht im Gegensatz zum Leib; nach dem Tode kommt sie in die Freude der Seelenkammern. Nur schwach klingt noch der Gedanke an den Aufenthalt des ganzen Toten in der Scheol, der Erde mit, nur noch als formelhafter Rest früherer Ausdrucksweise. Die Auferstehung ist ein Hervorgehen der Seelen aus den Kammern zu neuem leiblichen Leben; 4Esra kommt dabei von allen besprochenen Schriften dem Gedanken an die Wiedervereinigung mit demselben Leib noch am nächsten; doch auch hier ist der Gedanke nicht klar ausgedrückt. Die Auferstandenen leben wieder auf der Erde, aber diese Erde ist völlig erneuert, paradiesesgleich: sieben Tage Urschweigen haben die frühere Geschichte aufgehoben und erlauben einen völlig neuen Anfang.

In 2Baruch sind dieselben Elemente wie in 4Esra vorhanden, aber ganz anders verteilt. Auch er spricht vom Aufenthalt der Seelen in ihren Kammern; doch im Gegensatz zu 4Esra ist diese neue Ausdrucksweise ziemlich leere Formel; die alte Auffassung, daß der ganze Tote in der Scheol oder der Erde ist, herrscht noch vor. Dafür macht aber 2Baruch Ernst mit der Anschauung, daß die Erde Ort der Drangsal ist und der Leib im Bösen: auch die gereinigte, neue Erde kann hier nicht mehr Ort des Auferstehungslebens sein, sondern nur noch das himmlische Paradies, in dem der Gerechte Zutritt hat zum göttlichen Thronwagen. Kommt der Tote zuerst noch in seiner ursprünglichen Gestalt zurück, damit er so die Wirklichkeit seiner Auferstehung beweise, so muß er dann doch vollkommen verwandelt werden in eine neue Leiblichkeit, die der neuen Umwelt angepaßt und daher unbeschreibbar ist, wie auch der neue Lebensbereich unvorstellbar ist.

In 2Baruch erreicht somit die dargestellte Entwicklung ihren Höhepunkt. Von allen von uns besprochenen Schriften ist es 2Baruch, der noch am weitesten in jene Fragenkreise vordringt, die die rabbinische Literatur interessieren und deren Probleme und Lösungen die zehn Fragen des Rabbi Elieser zusammenfassen wollen, ohne aber je allgemeine Zustimmung zu finden.

ANHANG

Synopse ähnlicher Auferstehungsformeln

1Hen 51,1   In jenen Tagen wird die E r d e zurückgeben, was ihr anvertraut ist,
Und die S c h e o l wird zurückgeben, was sie empfangen hat und die H ö l l e wird, was sie schuldet, herausgeben.

4Esra 7,32

Et t e r r a	reddet qui in eam dormiunt
Et p u l v i s	qui in eo silentio habitant
Et p r o m p t u a r i a	reddent quae eis commendatae sunt animae.

LAB 3,10   Et vivificabo mortuos, et erigam dormientes de t e r r a.
Et reddet i n f e r n u s debitum suum
Et p e r d i t i o restituet paratecen suam.

2Bar 21,23f   Versiegelt werde die U n t e r w e l t, daß sie Tote nicht mehr empfange,
erstatten sollen die K a m m e r n die Seelen, die darin schmachten.
Denn viele Jahre sind sie in den K a m m e r n seit den Tagen Abrahams, Isaaks und Jakobs
und aller, die denen gleichen, die in der E r d e schlafen.

2Bar 42,7   Denn die V e r n i c h t u n g wird entführen, die ihr eigen sind, und das Leben die, welche ihm eignen.
Und der S t a u b wird gerufen und zu ihm gesagt: Erstatte, was nicht dein eigen, und stelle auf,
was du bewahrt hast für seine Zeit.
(Mit dem zweiten Teil des Verses vgl. besonders MidrPs 1,20 und PRE 34).

Apk 20,13   kai edōken hē t h a l a s s a tous nekrous tous en autēi
kai ho t h a n a t o s kai ho h a d ē s edōkan tous nekrous tous en autois,
kai ekrithēsan hekastos kata ta erga autōn.

Cf. auch
2Bar 50,2

Sicherlich wird die E r d e dann die Toten zurückgeben,
welche sie jetzt empfängt, um sie aufzubewahren,
ohne etwas an ihrem Aussehen zu ändern.
Und wie ich sie ihr überliefert habe,
so läßt sie sie auch auferstehen.

Man beachte besonders die häufige dreigliedrige Darstellung, die verschiedenen Ausdrücke für die Hinterlegung und für den Aufenthalt der Toten, sowie die Verben für die Wiederherstellung dieser. „Beleben" scheint in dieser Liste nur in LAB auf.

Abkürzungen

a) Zeitschriften u.ä.:

Bi	Biblica
BZ	Biblische Zeitschrift
EvTh	Evangelische Theologie
ExpT	Expository Times
HUCA	Hebrew Union College Annual
JBL	Journal of Biblical Literature
JE	Jewish Encyclopedia
JQR	Jewish Quarterly Review
JSJ	Journal for the Study of Judaism
JTS	Journal of Theological Studies
NT	Novum Testamentum
NTS	New Testament Studies
NTT	Norsk Teologisk Tidsskrift
PAAJR	Proceedings of the American Academy for Jewish Research
RB	Revue Biblique
REJ	Revue des Etudes Juives
RGG	Die Religion in Geschichte und Gegenwart
RHPR	Revue d'Histoire et de Philosophie Religieuses
RHR	Revue de l'Histoire des Religions
RQum	Revue de Qumran
RSR	Recherches de Science Religieuse
RTP	Revue de Théologie et de Philosophie
SDB	Dictionnaire de la Bible, Supplément
Sem	Semitica
StEv	Studia Evangelica
StTh	Studia Theologica
TU	Texte und Untersuchungen
TZ	Theologische Zeitschrift (Basel)
VD	Verbum Domini
WZKM	Wiener Zeitschrift für die Kunde des Morgenlandes
ZAW	Zeitschrift für die alttestamentliche Wissenschaft
ZNW	Zeitschrift für die neutestamentliche Wissenschaft

b) Texte:

Die Namen der biblischen Bücher sind wie üblich abgekürzt.

Apokryphen:

ApkAbr	Apokalypse Abrahams
AssMos	Assumptio Moysis

2Bar	Syrischer Baruch
1Hen	Äthiopischer Henoch
2Hen	Slawischer Henoch
3Hen	Hebräischer Henoch
Jub	Buch der Jubiläen
LAB	Liber Antiquitatum Biblicarum (Pseudo-Philo)
PsSal	Psalmen Salomos
Sib	Oracula Sibyllina
TestXII	Testamente der zwölf Patriarchen:

TAs = Testament Aser; TBen(jamin); TDan; TGad; TIss (achar); TJos(eph); TJud(a); TLev(i); TNaph(tali); TRub(en); TSim(eon); TZab(ulon).

Qumran:

1 QapGen	Genesis-Apokryphon
1 QH	Hodajot
1 QpHab	Habakuk-Pescher
1 QS	Sektenregel

Rabbinische Texte:

(Alle Talmudzitate sind aus dem babylonischen Talmud).

BB	Baba Batra
Ber	Berachot
Chag	Chagiga
Er	Erubin
GenRabba	Genesis Rabba
Ket	Ketubot
LevRabba	LeviticusRabba
KohRabba	Kohelet Rabba
MidrPs	Midrasch zu den Psalmen
PRE	Pirke des Rabbi Elieser
RH	Rosch-ha-schana
Sanh	Sanhedrin
Schab	Schabbat
Taan	Taanit
Tg	Targum
Tos	Tosephta

Bibliographie

Diese Bibliographie enthält nur die in der Arbeit zitierten Werke. Arbeiten, die nur einmal und dort mit vollen Angaben angeführt sind, sind hier nicht wiederholt.

S. AALEN, St Luke's Gospel and the Last Chapters of I Enoch, NTS 13 (1966 f) 1-13.

F.-M. ABEL, Les livres des Maccabées, Paris 1949.

F.-M. ABEL - J. STARCKY, Les livres des Maccabées (Bible de Jérusalem), Paris ³ 1961.

I. ABRAHAMS, Studies in Pharisaism and the Gospels, ed. H.M. ORLINSKY, New York 1967 (zuerst 1917/1924).

D. ARENHOEVEL, Die Theokratie nach dem 1. und. 2. Makkabäerbuch, Mainz 1967.

———, Die Hoffnung auf die Auferstehung. Eine Auslegung von 2 Makk 7, Bibel und Leben 5 (1964) 36-42.

J. BECKER, Untersuchungen zur Entstehungsgeschichte der Testamente der zwölf Patriarchen, Leiden 1970.

P.M. BELLET, El gènere literari del II llibre dels Macabeus, in: Miscellanea Biblica B. UBACH, Montserrat 1953, 303-321.

H. BEVENOT, Die beiden Makkabäerbücher, Bonn 1931.

E. BICKERMANN, The Date of the Testaments of the Twelve Patriarchs, JBL 69 (1950) 245-260.

M. BLACK, Apocalypsis Henochi Graece, Leiden 1970.

R. BLOCH, Quelques aspects de la figure de Moise dans la tradition rabbinique, Cahiers Sioniens 8 (1954) 93-167.

P. BOGAERT, Apocalypse de Baruch. Introduction, Traduction du Syriaque et Commentaire, 2 vol., Paris 1969.

C. BONNER, The Last Chapters of Enoch in Greek, London 1937.

W. BOUSSET - H. GRESSMANN, Die Religion des Judentums im späthellenistischen Zeitalter, Tübingen ³ 1926.

G.H. BOX, The Ezra-Apocalypse, London 1912.

W.G. BRAUDE, The Midrash on Psalms. Translated from the Hebrew and Aramaic, 2 vol., New Haven 1959.

F.-M. BRAUN, Les Testaments des XII Patriarches et le problème de leur origine RB 67 (1960) 516-549.

S. BUBER, Midrasch Tehillim (Schocher Tob), Wilna 1891.

H. BÜCKERS, Das « ewige Leben » in 2Makk 7,36, Bi 21 (1940) 406-412.

E. CAVAIGNAC, Remarques sur le deuxième livre des « Macchabées », RHR 130 (1945) 42-58.

R.H. CHARLES, The Apocalypse of Baruch, translated from the Syriac. Edited with introduction, notes and indices, London 1896.

———, The Ethiopic Version of the Book of Enoch, edited from 23 MSS, Oxford 1906.

———, The Greek Versions of the Testaments of the Twelve Patriarchs, Oxford 1908 (Nachdruck Hildesheim 1960).

———, The Book of Enoch or 1 Enoch, Oxford, ² 1912.

———, The Apocrypha and Pseudepigrapha of the OT in English, vol. II: Pseudepigrapha, Oxford 1913.

——, Eschatology. The Doctrine of a Future Life in Israel, Judaism and Christianity, ²1913 (Nachdruck New York 1963).

——, The Apocalypse of Baruch. Introduction by W.O.E. OESTERLEY, London 1929.

——, The Testaments of the Twelve Patriarchs in relation to the NT, The Expositor, 7th series, 7 (1909) 111-118.

L. COHN, An Apocryphal Work Ascribed to Philo of Alexandria, JQR Old Series 10 (1898) 277-332.

A.M. DENIS, Introduction aux pseudépigraphes grecs d'Ancien Testament, Leiden 1970.

——, Fragmenta Pseudepigraphorum quae supersunt graeca, Leiden 1970.

A. DILLMANN, Das Buch Henoch, Leipzig 1853.

W. EICHRODT, Theologie des AT, Göttingen, vol. I 1959; II ⁴1961.

W. ELTESTER, ed., Studien zu den Testamenten der zwölf Patriarchen, Berlin 1969.

L. FINKELSTEIN, The Pharisees. The Sociological Background of their Faith, Philadelphia 1938.

O.v. GEBHARDT, Die Psalmen Salomo's, Leipzig 1895.

M. GIL, Enoch in the Land of Eternal Life, Tarbiz 38 (1968 f.) 322-337 (hebräisch).

T.F. GLASSON, Greek Influence in Jewish Eschatology, London 1961.

P. GRELOT, La géographie mythique d'Hénoch et ses sources orientales, RB 65 (1958) 33-69.

——, L'eschatologie des Esséniens et le livre d'Hénoch, RQum 1 (1958) 112-131.

C.L.W. GRIMM, Das zweite, dritte und vierte Buch der Maccabäer (Kurzgefasstes exegetisches Handbuch zu den Apokryphen des AT, vierte Lieferung), Leipzig 1857.

L. GRY, Les dires prophétiques d'Esdras (IV. Esdras), Paris 1938.

C. GUTBERLET, Das zweite Buch der Machabäer, Münster 1927.

E. HAMMERSHAIMB, Fòrste Enoksbog (Heft 2 von: De Gammeltestamentlige Pseudoepigrafer), Kopenhagen 1956.

K. HANHART, The intermediate state in the NT, Franeker 1966.

R. HANHART, Maccabaeorum Liber II copiis quas reliquit Werner Kappler edidit R.H. (Göttinger LXX), Göttingen 1959.

W. HARNISCH, Verhängnis und Verheißung der Geschichte. Untersuchungen zum Zeit- und Geschichtsverständnis im 4.Buch Esra und in der syrischen Baruchapokalypse, Göttingen 1969.

M. HENGEL, Judentum und Hellenismus. Studien zu ihrer Begegnung unter besonderer Berücksichtigung Palästinas bis zur Mitte des 2. Jh. v. Chr., Tübingen 1969.

A. HILGENFELD, Die jüdische Apokalyptik in ihrer geschichtlichen Entwickelung, Jena 1857 (Nachdruck Amsterdam 1966).

——, Messias Judaeorum libris eorum paulo ante et paulo post Christum natum conscriptis illustratus, Leipzig 1869.

P. HOFFMANN, Die Toten in Christus. Eine religionsgeschichtliche und exegetische Untersuchung zur paulinischen Eschatologie, Münster 1966.

M.R. JAMES, The Biblical Antiquities of Philo, Now First Translated from the Old Latin Version, London 1917.

M. JASTROW, A Dictionary of the Targumim, the Talmud Babli and Yerushalmi, and the Midrashic Literature, London 1903.

A. JAUBERT, La notion de l'alliance, Paris 1963.

A. JELLINEK, Bet-ha-Midrasch, Jerusalem ³1967.

A.R. JOHNSON, The Vitality of the Individual in the Thought of Ancient Israel, Cardiff 1949.

M.de JONGE, The Testaments of the Twelve Patriarchs. A Study of their Text, Composition and Origin, Assen 1953.

────, Testamenta XII Patriarcharum. Edited according to Cambridge University Library... with short notes, Leiden 1964.

────, The Testaments of the Twelve Patriarchs and the NT, StEv (TU 73), Berlin 1959, 546-556.

────, Christian Influence in the Testaments of the Twelve Patriarchs, NT 4 (1960) 182-235.

────, Once more: Christian Influence in the Testaments of the Twelve Patriarchs, NT 5 (1962) 311-319.

R. KABISCH, Das vierte Buch Esra auf seine Quellen untersucht, Göttingen 1889.

A. KAHANA, Hasfarim hachitzonim, 2 vol., Tel Aviv 1960.

A. KAMINKA, Beiträge zur Erklärung der Esra-Apokalypse und zur Rekonstruktion ihres hebräischen Urtextes, Breslau 1934.

P. KATZ, The Text of 2Maccabees reconsidered, ZNW 51 (1960) 10-30.

E. KAUTZSCH, Die Apokryphen und Pseudepigraphen des AT, 2 vol. Tübingen 1900.

J. KEULERS, Die eschatologische Lehre des 4ten Esrabuches, Freiburg 1922.

G. KISCH, Pseudo-Philo's Liber Antiquitatum Biblicarum, Indiana 1949.

M. KMOSKO, Liber Apocalypseos Baruch Filii Neriae (Vorwort, syrischer Text, lateinische Übersetzung und Anmerkungen), Patrologia Syriaca Pars I, vol. II, Paris 1907, 1056-1305.

H.W. KUHN, Enderwartung und gegenwärtiges Heil, Göttingen 1966.

K.G. KUHN, Die älteste Textgestalt der Psalmen Salomos, insbesondere auf Grund der syrischen Übersetzung neu untersucht, Stuttgart 1937.

M.-J. LAGRANGE, Le Judaisme avant Jésus-Christ, Paris 1931.

I. LEVY, Les deux livres des Maccabées et le livre hébraïque des Hasmonéens, Sem 5 (1955) 15-36.

E. LOHSE, Märtyrer und Gottesknecht, Göttingen 1949.

R. MACH, Der Zaddik in Talmud und Midrash, Leiden 1957.

W. MARCHEL, De resurrectione et de retributione statim post mortem secundum 2Mach comparandum cum 4Mach, VD 34 (1956) 327-341.

A. MARMORSTEIN, The Doctrine of the Resurrection of the Dead in Rabbinic Theology, in: Studies in Jewish Theology, ed. J. RABBINOWITZ und M.S. LEW, London 1950, 145-161 (zuerst 1915).

R. MARTIN-ACHARD, De la mort à la résurrection d'après l'AT, Neuchâtel- Paris 1956.

N. MESSEL, Die Einheitlichkeit der jüdischen Eschatologie, Giessen 1915.

G.F. MOORE, Judaism in the First Centuries of the Christian Era, 3 vol., Cambridge, Mass., 1927.

F. NÖTSCHER, Altorientalischer und alttestamentlicher Auferstehungsglauben, Würzburg 1926.

W.O.E. OESTERLEY, II Esdras (The Ezra Apocalypse), London 1933.

────, Einleitung zu R.H. CHARLES, The Apocalypse of Baruch, London 1929.

J. PEDERSEN, Israel. Its Life and Culture, London-Kopenhagen I-II 1926; III-IV 1940.

M. PHILONENKO, Remarques sur un hymne essénien de caractère gnostique (LAB ch. 60), Sem 11 (1961) 43-54.

────, Une paraphrase du cantique d'Anne (dans Ps-Philon LAB 51), RHPR 42 (1962) 157-168.

────, Essénisme et gnose chez Pseudo-Philon. Le Symbolisme de la lumière dans le LAB, in: The Origins of Gnosticism, Colloquium of Messina, ed. U. BIANCHI, Leiden 1967, 401-410.

P. RIESSLER, Altjüdisches Schrifttum ausserhalb der Bibel, Heidelberg ²1968 (= 1927).

10

H.W. ROBINSON, Hebrew Psychology, in: The People and the Book, ed. A.S. PEAKE, 1925, 353-382.

J.A.T. ROBINSON, The Body. A Study in Pauline Theology, London 1955.

F. ROSENTHAL, Vier apokryphische Bücher aus der Zeit und Schule Rabbi Akibas, Leipzig 1885.

L. ROST, Einleitung in die alttestamentlichen Apokryphen und Pseudepigraphen einschließlich der großen Qumran-Handschriften, Heidelberg 1971.

D.S. RUSSELL, The Method and Message of Jewish Apocalyptic, 200 BC - AD 100, Philadelphia 1964.

H.E. RYLE - M.R. JAMES, Psalms of the Pharisees, commonly called The Psalms of Solomon, Cambridge 1891.

K. SCHUBERT, Das Problem der Auferstehungshoffnung in den Qumrantexten und in der frührabbinischen Literatur, WZKM 56 (1960) 154-167.

——, Die Entwicklung der Auferstehungslehre von der nachexilischen bis zur frührabbinischen Zeit, BZ 6 (1962) 177-214.

E. SCHÜRER, Geschichte des jüdischen Volkes im Zeitalter Jesu Christi, vol. III, Leipzig ⁴1909.

K.D. SCHUNK, Die Quellen des I. und II. Makkabäerbuches, Halle (Saale) 1954.

J. SICHARDUS, Philonis Iudaei Alexandrini, Libri Antiquitatum. Quaestionum et solutionum in Genesin. De essaeis. De nominibus hebraicis. De mundo, Basel 1527.

E. SJÖBERG, Der Menschensohn im äthiopischen Henochbuch, Lund 1946.

A. SPIRO, Samaritans, Tobiads and Jehudites in Pseudo-Philo; Use and Abuse of the Bible by Polemicists and Doctrinaires, PAAJR 20 (1951) 279-355.

——, Pseudo-Philo's Saul and the Rabbis' Messiah ben Ephraim, PAAJR 21 (1952) 119-137.

W.D. STACEY, The Pauline View of Man in Relation to its Judaic and Hellenistic Background, London 1956.

H.L. STRACK - P. BILLERBECK, Kommentar zum NT aus Talmud und Midrasch, 6 vol., München 1922-1961.

A. STROBEL, Untersuchungen zum eschatologischen Verzögerungsproblem, Leiden/ Köln 1961.

H.W. SURKAU, Martyrien in jüdischer und frühchristlicher Zeit, Göttingen 1938.

L. VAGANAY, Le problème eschatologique dans le quatrième livre d'Esdras, Paris 1906.

G. VERMES, Scripture and Tradition in Judaism. Haggadic Studies, Leiden 1961.

B. VIOLET, Die Esra-Apokalypse (IV.Esra). 1.Teil: Die Überlieferung, Leipzig 1910; 2.Teil: Die Apokalypsen des Esra und des Baruch in deutscher Gestalt, Leipzig 1924.

J. VITEAU, Les Psaumes de Salomon. Introduction, Texte Grec et Traduction par J.V., avec les principales variantes de la version syriaque par F. MARTIN, Paris 1911.

P. VOLZ, Die Eschatologie der jüdischen Gemeinde im neutestamentlichen Zeitalter nach den Quellen der rabbinischen, apokalyptischen und apokryphen Literatur, Tübingen ²1934 (= Hildesheim 1966).

G. WIED, Der Auferstehungsglaube des späten Israel in seiner Bedeutung für das Verhältnis von Apokalyptik und Weisheit, Diss., Bonn 1967.

S. ZEITLIN - S. TEDESCHE, The Second Book of Maccabees (von TEDESCHE nur die englische Übersetzung), New York 1954.

F. ZIMMERMANN, The Bilingual Character of I Enoch, JBL 60 (1941) 159-172.

M.S. ZUCKERMANDEL, Tosephta, Jerusalem ²1937 (Nachdruck 1963).

Register

1) Sach- und Namenregister:

Abaddon, 46, 106, 107, 110, 112, 113

Abraham, 65, 67, 70, 103, 104, 112

Adam, 39, 81, 106

Anthropologie, 1-2, 7, 8-11, 24, 29-36, 45, 47, 50, 51, 54-56, 60, 67, 68f, 78-82, 99-104

Antiochus Epiphanes, 10, 11, 18, 21, 24, 45

Auferstehung, passim

Azariah dei Rossi, 97

Begräbnis, 3, 17, 54, 60, 67, 69, 71, 87

Bilderreden, 28f, 45, 51

blühen, 66

Blut, 30, 34, 55, 100

Chasidim, 7, 53

Chrysostomus, 9

David, 88, 97, 100, 102

R. Dosa (3. Jh.), 74

Dualismus, 31, 32, 68, 69, 101

R. Eleasar (b. Pedath, 3. Jh.), 71

Eleazar, 9, 11, 13, 14f, 22

Elias, 70, 109

R. Elieser b. Hyrkanos (Ende 1. Jh.), 73, 83, 117

Engel, 8, 11, 12, 24, 30, 31, 32, 33, 34, 39, 40, 41, 43, 48, 76, 88f, 101, 106

Epitomator, 5-7, 13

Erde (als Auferstehungs- oder Strafort, umgewandelte Erde), 5, 18, 24f, 38, 40, 42, 45, 46, 47, 48, 49, 50f, 54, 60, 65f, 67, 68, 71, 95, 96, 114, 117

Erkennbarkeit (der Toten oder Auferstandenen), 87, 94, 117

Erwachen, 70, 109

Finsternis, 35, 41, 43, 45, 57, 59, 103, 110, 111

Fleisch, 19, 30f, 44, 49, 54f, 66, 68, 108

Gabriel, 34

R. Gamliel II. (Ende 1. Jh.), 70

Gedächtnis, 42, 43, 44, 51, 56, 58

Gefäß (= Leib), 80f

Geist, 19, 23, 30, 31, 32, 33, 34-36, 38, 40, 42, 43, 44, 45, 50, 68, 71, 77, 79, 80, 82, 92, 100

Gericht, 14, 15, 25, 32, 36, 37, 41, 42, 59, 61, 65, 67, 74, 79, 87, 88, 93, 102, 105, 108, 111

Grab, 3, 47, 53, 54, 56, 60, 61, 67, 71, 77, 82, 87, 104, 113, 115

Hades, 56, 78, 101, 107

Hellenismus, 2f, 6f, 8, 9, 11, 24, 29, 34, 80

Henoch, 34, 42, 65, 90

Herodes, 10, 45

Hexe von Endor, 12, 87, 98

Hillel (Anfang 1. Jh.), 19, 88

Himmel, 5, 8, 12, 15, 16, 22, 24, 33, 40, 42, 43, 44, 45, 48, 53, 54, 56, 60, 65, 84, 90, 92f, 94, 96, 113, 115

Hölle, 36, 58, 83

Isaak, 65, 67, 70, 99

Isokrates, 10

Israel, 65, 66, 67, 71, 83, 90, 93

Jabne, 85

Jakob, 65, 66, 67, 70

Jason v. Cyrene, 5-7, 10, 13, 14, 20

R. Jehoschua b. Chanania (Ende 1. Jh.), 80, 85, 109

R. Jehuda der Patriarch (ca. 220), 70

Jenseits, 2, 8, 12, 24, 36, 38, 56

Jeremias, 11f

Jerusalem, 22, 39, 40, 50, 53, 67, 73

Jezabel, 60

R. Johanan b. Zakkai (Ende 1. Jh.), 73, 85, 90

R. Joschia (Ende 3. Jh.), 77

Joseph, 67, 68, 70

2) Griechische Wörter (Auswahl):

anabiōsis, 16, 25
anastasis, 18, 23, 25
anistanai, 16, 18, 23, 36, 43, 44, 56, 57,
  106
apōleia, 57
apolōlos, 57
apothnēskein, 10, 16
doxa, 89
exypnizein, 67, 70
hadēs, 10
hypar, 11, 12
hypnos, 41
hypodeigma, 13, 14
kardia, 8, 55
oneiros, 12
ostrakinos, 80

paideia, 13
parousia, 94
phthartos, 18, 80
phthora, 54
pneuma, 9, 19, 20, 23, 30, 32, 34, 35,
  68, 71, 115
psychē, 8, 9, 12, 18, 19, 21, 30, 32, 34,
  35, 54, 55, 68, 115
sapria, 54, 55
sarx, 30, 31, 33, 54, 55
skeuos, 80
sōma, 8, 9, 10, 21, 30, 31, 33, 68, 71,
  80, 99, 115
stoicheiōsis, 9, 19
tamieia, 76
zōē, 9, 16, 18, 19, 20, 21, 23, 25, 56

3) Hebräische Wörter (Auswahl):

ʾ*awad*, 39
basar, 30, 33, 108
chadre mawet, 76
ᶜ*etzem*, 33
guf hanschamot, 78
nefesch, 9, 10, 18, 30, 32, 55, 70, 77,
  99, 108

*n*ᵉ*schama*, 78, 79
ʾ*otzar*, 101
parach, 66
ruach, 9, 30, 32, 77
techijat hametim, 106

4) Stellenverzeichnis:

a) Altes Testament:

135,14 15
139,7f 15
144,13 76

Job
10,8-12 19
10,11 49
26,6 46
30,16 10

Spr
7,27 76
20,27 60

Pred
3,20 103
12,7 . . . . 79. 80

Weish
3 16
9,15 80

Sir
16,12 108
39,13f 66
46,12 66
49,10 66

Is
2,5 60
14,3-21 12
14,9 70
24,20 57
26,19 . . . . 5, 46, 66, 67
60,19 . . . . 5, 60
65 5
65,17 105
65,20 93
66,14 66
66,22 105

Ez
28,16 76
32,17-32 12

Dan
12,2f 5, 18, 38, 47, 65, 82
12,3 89

Os
6,2f 67

Am
9,2 15

b) Pseudepigraphen:

AssMos
10,9f 90

2Bar
3,7 105
4,1-3 83
11,4 . . . . 87, 94, 96
11,6 . . . . 87, 96, 101
11,7 89
14,12f 89
15,8 89
21,10 91
21,13 . . . . 89, 91
21,19 89
21,22-24 . . . . . . 91, 94, 95
21,23 . . . . 76, 92, 96, 102, 105
21,23f 46, 106, 107, 119
21,24 92
29,3 93
30,1-5 . . . . 92, 94, 95
30,1 . . . . 93, 94, 95

30,2 . . . . 76, 92, 96
42,4-5 95
42,7 . . . . 46, 95, 96, 106, 112, 113
42,7f 103
44,8-10 90
44,8 89
44,15 104
49 - 51 . . . . . . 86-91, 93, 94, 95
49,2 86
49,3 89
49,15 104
50,2-4 . . . . 20, 46, 87, 102, 106
50,2 . . . . 95, 96, 112, 120
50,3 86
51 43
51,1-5 89
51,3 . . . . 90, 105
51,8 90
51,9 89

18,4 55
18,6 58

Sib
2,182 106
2,214-218 36
2,221f 106
2,229ff 46
2,238 106
2,245f 109
4,179-183 106

TestXII As
2,7 68
3,1 69
6,5f 69

Ben
4,5 68
5,5 68
9,2-5 63
10,5 65
10,6-10 65
10,11 65

Dan
3,2f 69
5,11f 67
7,1 69

Gad
8,4 69

Iss
7,9 69

Jos
13,1 68

Jud
17,5f 70
19,2 68
23,5 67
24,6 67
25 66
25,4 70
26,3 70

Lev
18,4 67
19,4 69

Naph
1,4 68
2,2 - 4,5 68
2,2-8 68
3,2-5 68
10 (hebr.) 68

Rub
1,3 69
3,4 68

Sim
2,5 69
2,4.7 68
4,8.9 69
5,1 68
6,2-7 66
8,1 69
8,2 70

Zab
10,2f 66
10,6 69

c) Qumran:

1QS
4,7.8.12-14 3

1QH
3,19-26 3

3,20 90
6,29f.34 3
7,31 3
11,3-14 3

d) Rabbinische Texte:

BB
75a 93

Ber
12b 12
17a 45

18b 102
60a 106
60b 70

Chag
4b 12

e) Neues Testament:

5) Autorenregister:

W. D. Davies, 30, 42
R. le Deaut, 97
M. Delcor, 97, 98, 102
A.-M. Denis, 27, 28, 53, 64, 70, 73, 85, 108
E. Diehl - R. Beutler, 70
C. Dietzfelbinger, 97
A. Dillmann, 27, 29, 30, 33, 37, 39, 40, 41, 46, 48

W. Eichrodt, 9
O. Eissfeldt, 97, 98
W. Eltester, 63
R. Eppel, 63, 64, 68, 69

E. de Faye, 85
P. Fiebig, 108
L. Finkelstein, 7
D. B. Frey, 28, 29

O. v. Gebhardt, 53
M.-A. Genevois, 1
M. Gil, 27, 28
L. Ginzberg, 85, 88, 89, 98
T. F. Glasson, 29, 34, 38
P. Grelot, 28, 29, 34, 35, 38, 39, 46, 49, 51, 64
W. Gressmann, 91
C. L. W. Grimm, 6, 12, 18
L. Gry, 73, 75, 77, 79, 80, 85
J. Guillet, 1
H. Gunkel, 73, 77, 79, 80, 83
C. Gutberlet, 6, 7

J. Hadot, 97
E. Haulotte, 49
E. Hammershaimb, 36, 37, 40
R. Hanhart, 6, 22
W. Harnisch, 73
R. Harris, 53
M. Hengel, 3, 6, 7
A. Hilgenfeld, 74, 81, 82
P. Hoffmann, 1, 47, 81, 85, 96, 101, 104, 106, 111, 112
K. Holl, 108
F. J. A. Hort, 22

W. Jaeger, 1
M. R. James, 73, 97, 98, 110
M. Jastrow, 77
A. Jaubert, 64, 97
A. Jellinek, 83, 109
J. Jeremias, 30, 42
A. R. Johnson, 9

H. Jonas, 49
M. de Jonge, 54, 63, 64, 68

R. Kabisch, 58, 73, 75, 85
A. Kahana, 16, 21, 27, 28, 39
H. Kaminka, 73, 76, 78
P. Katz, 16, 21, 23
J. Keulers, 73, 75, 78, 82, 83
G. Kisch, 97
R. Kittel, 53
J. Klausner, 110
A. F. J. Klijn, 85
M. Kmosko, 85, 88, 91
H. W. Kuhn, 3, 41, 59, 90
K. G. Kuhn, 53, 54

M. Laconi, 17
J.-M. Lagrange, 53, 54
J. Langen, 93
C. Larcher, 3, 16
A. Lefevre, 6
X. Léon-Dufour, 1
J. Levy, 6, 13
S. Lieberman, 3
E. Lohse, 6, 13

R. Mach, 49, 70, 71
W. Marchel, 18, 22
R. Marcus, 97
A. Marmorstein, 20
R. Martin-Achard, 5, 60
C. Martini, 1
C. Masson, 1
G. E. McCracken, 97
N. Messel, 40, 58, 63, 86, 90
J. T. Milik, 28, 64
A. Mingana, 53
J. Moffatt, 6, 22
G. F. Moore, 6, 28, 39, 53, 65, 76, 78, 88, 90
E. S. Mulders, 5

G. W. E. Nickelsburg, 2
F. Nötscher, 3, 5, 24

H. Odeberg, 91
J. O'Dell, 53
W. O. Oesterley, 79, 80, 82, 85, 87, 93
B. Otzen, 69

J. Pedersen, 7
R. H. Pfeiffer, 6
F. Philippi, 27